新闻学与传播学“十四五”规划教材 · 案例型系列教材

高阶新闻写作教程

张玉洪 / 编著

中国传媒大学出版社
· 北 京 ·

扫码可看本书慕课视频

前　言

高阶新闻（Advanced News Reporting），也可称为高级新闻，是指在初级新闻外的多种新闻体裁（品种）的总称。

以下表格显示了两类新闻作品写作的不同：

初级新闻写作与高阶新闻写作的区别

类别	初级新闻写作	高阶新闻写作
种类	消息 / 通讯	深度报道（调查性报道、解释性报道、预测性报道） 非虚构、新闻特稿、数据新闻
写作技法	客观 / 叙述、描写 抒情、议论	文学技巧、复线叙事、场景描写、注重对话、零度写作等
内容	较浅显	注重挖掘数据 / 多样信息（信源多）/ 文献
表现形式	文字、图片（较单一）	多媒体（多样化）
篇幅	几百字到数千字 （多为单篇）	数千字到数万字（单篇或多篇，甚至是著作）

上述概括未见得全面。但总体来说，高阶新闻写作的作品在主题呈现上更深，题材视野上更宽。

从时间特征上，它们不只是关注动态的信息，还有静态的信息；对写作的技法要求更高，很难速成；采制的时间成本和金钱成本也更高。一篇或一组报道可能耗时半年甚至数年。

正如有心的你所注意到的那样，深度报道（In-depth Reporting）是高阶新闻写作的主体。深度报道概念诞生于 20 世纪 40 年代，是报纸为应对电子传媒竞争发展而来的。不过，需要指出的是：

1. 深度报道不是一种新闻文体，而是一种报道追求深刻性的理念、思想方法。

2. 一篇深度报道包含的主要内容：事件、新闻背景、新闻过程、新闻分析、新闻预测、对策建议等（深度报道的特性，核心在两个关键词："深刻""全面"）。

3. 深度报道从调查走向研究，记者通过调查研究社会问题，从调查型记者走向研究型记者。

从深度报道亦能看出高阶新闻写作的一些特质，即往往需要突破一人一地一事的报道模式。一面剖析事实内部，一面展示事实宏观背景，把握真实性。要着重揭示原因（Why）和怎么样（How）两个新闻要素。

需要说明的是，新闻体裁往往会更新，并充分体现时代的社会风潮，比如 20 世纪 90 年代在中国兴起的新闻特稿，这几年大热的"非虚构"。

国内现有一些高级新闻写作课程的教材，呈现出几大特点：

1. 多将高级新闻采访与写作合编在一起，并不只是聚焦在高级新闻写作上。如周胜林的《高级新闻采访与写作》（第三版）（复旦大学出版社，2006）。邝云妙的《高级新闻写作》（全两册）（广东高等教育出版社，2003）则是初级新闻写作与专业新闻写作的结合。

2. 聚焦高级新闻写作中的某一类型或将某一类型与非高级新闻写作的类型混编。前者如曹晚红、杨凤娇的《新闻特稿写作》（中国传媒大学出版社，2017），周海燕的《调查性报道采访与写作》（新华出版社，2003），段勃的《调查性报道概论》（新华出版社，2010），刘万永的《调查性报道》（人民日报出版社，2015），方洁的《数据新闻概论》（第二版）（中国人民大学出版社，2019）。后者如曾繁旭等合著的《深度报道：题材、理念与方法》（清华大学出版社，2021）一书，既有调查性报道，又有人物、文化、时政、商业和突发事件的报道。

3. 就综合性教材而言，因新闻理念更新速度快与新闻实践发展迅猛，所以很多案例过时不说，一些常见的新闻体裁（如解释性报道、新闻特稿）和很多新出现的类型（如数据新闻、非虚构）并未纳入其中。

也就是说，目力所及，很难找到一本集结了多种主流新闻体裁和最新新闻体裁的高阶新闻写作教程。

本教材命名《高阶新闻写作教程》，突出在"高阶"二字，即在完成一般新闻写作之后的进阶训练。特色在于：紧跟实践，聚集写作技法，通过理念宣导 + 案例剖析，从而提高实战能力。创新之处在于：一是新闻体裁的更新，会将新闻特稿、非虚构、数据新闻等近年兴起的写作体裁纳入书中；二是视野的开阔性，案例不只局限在中文领域的新闻作品，还将引入英文新闻作品（尤其是西方主流媒体作品）。

2014年，笔者与同事合编的《新闻采访与写作》[①] 教材，“写作”部分限于初级新闻写作。自2015年9月讲授高阶新闻写作实践课程以来，笔者就开始自编讲义，每讲一轮都进行案例更新。通过课堂内理念宣导与课堂外写作，再回到课堂进行分享、交流，提高了学生对高阶新闻写作课程中主要新闻体裁的认知，从而提高了相关新闻体裁的写作能力。

需要指出的是，无论哪一种新闻写作，“七分采，三分写”仍是适用的。

特稿行家威廉·E.布隆代尔也不避讳地重申这一点，在《〈华尔街日报〉是如何讲故事的》一书中，他这样写道：

“在我看来，这本书与其他写作教材最大的区别有两点：首先，它彻底否认了一种非常流行的说法，即新闻采访和新闻写作是可以分开的、学习写作不用涉及采访报道；其次，它把整个报道过程看作一个流动的程序，环环相扣，每一个步骤都相互联系，而不能孤立存在。

采访和写作是两个不可分割的过程。如果前期的采访中没有获得有用的材料和丰富的信息，如果在采访过程中没有考虑到读者的喜好和需求，那后期的写作不论运用多少技巧，也都是华而不实、徒有其表的。”[②]

另外，在笔者看来，采访并不限于面对面的访问（Interviewing），而是宽泛意义上的信息搜集（News Gathering），除访问外，还应包括观察、社会调查及文献资料获取等多个方面。

无论是基础新闻写作，还是高阶新闻写作，要写得专业，没有多少捷径可走。无非是先厘清基本概念，掌握新闻体裁的特征，然后就对收集好的材料进行梳理、整合，再进行写作。而写作或写完改或边写边改。

近几年，“匠人精神”成为各行业高频词，新闻行业也不例外。我们仍有必要重温宋代文学家欧阳修写的《卖油翁》：

陈康肃公尧咨善射，当世无双，公亦以此自矜。尝射于家圃，有卖油翁释担而立，睨之，久而不去。见其发矢十中八九，但微颔之。

康肃问曰：“汝亦知射乎？吾射不亦精乎？”翁曰：“无他，但手熟尔。”康肃忿然曰：“尔安敢轻吾射？”翁曰：“以我酌油知之。”乃取一葫芦置于地，以钱覆其口，徐以杓酌油沥之，自钱孔入，而钱不湿。因曰：“我亦无他，惟手熟尔。”康肃笑而遣之。

---

① 吴麟，张玉洪，等.新闻采访与写作[M].北京：中国传媒大学出版社，2014.

② 布隆代尔.《华尔街日报》是如何讲故事的[M].徐扬，译，北京：华夏出版社，2006：引言.（需要指出的是，该书直译应为《特稿写作技巧教程》）

此与庄生所谓解牛斫轮者何异？

对实践性强的高阶新闻写作来说，需要我们多读、多看、多分析优秀作品（如《庖丁解牛》），然后再多学习、多实战（如《卖油翁》）。好的作品是最好的老师，所以在本书中，会有完整的报道作品及分析。

对新闻人或新闻爱好者来说，兴趣是第一位，好学多练，早晚都会成为制作新闻作品的“匠人”。

与君共勉。

目　录

Chapter 1

第一章　解释性报道

▶本章要点

解释性报道勃兴于20世纪30年代。在信息过载的时代，它是我们认知世界的指南针。

解释性报道不只是要报道是什么，更重要的是，要阐释为什么。

解释性报道写作的关键：用事实解释事实。

解释性报道（Explanatory Reporting[①]）起源于第一次世界大战，在20世纪30年代发展迅速。自20世纪60年代以来，它已经成为美国传统媒体（尤其是报刊）的经典体裁之一。

20世纪80年代，中国大陆的一些学术期刊开始介绍“解释性报道”。此后，不少媒体开始生产这一类型的报道。

应该说，除了及时性的消息，解释性报道会越来越多。这是因为现在处于信息爆炸[②]也是信息过载的时代，在这样的信息生存环境下，信息接收者（受众）处于焦虑状态中，需要一种新闻体裁来指点迷津，“为什么发生”“意味着什么”之类的信息解释是必备品；另外，每个人的认知是有局限的，在知识迭代加速的当下，公众的认知地图会有很多盲点，因而也需要媒体报道新事物“是什么”“怎么样”。

一、解释性报道的概念与特征

（一）解释性报道的概念

解释性报道（或解释性新闻）是深度报道的一种。

1985年，普利策新闻奖设解释性报道奖（Explanatory Journalism Award），颁给阐明了重要而复杂议题的优秀报道（for a distinguished example of explanatory journalism that illuminates significant and complex issues）。[③]2019年，普利策新闻奖对“解释性报道”的界定是：杰出的解释性报道阐释了一个重要而复杂的主题，对该主题有精深的理解，用尽所有可能的新闻专业手段，兼具明晰的写作风格和清晰的呈现（for a distinguished example of explanatory reporting that illuminates a significant and complex subject，demonstrating mastery of the subject，lucid writing and clear presentation，using any available journalistic tool）。[④]

---

① 不少论文和教科书将解释性报道译为 Interpretative Reporting。西方学界甚至有 interpretive journalism 一说（SALGADO S. STRÖMBÄCK J. Interpretive journalism：a review of concepts，operationalizations and key findings［J］.Journalism，2011（13）：144–161）。此处参照的是普利策新闻奖对该奖项的官方译法。

② 加利福尼亚大学伯克利分校研究人员发现，2002年，全球由纸张、胶片以及磁、光等存储介质所记录的信息总量达到5万亿兆字节，约等于1999年全球信息产量的两倍。换句话说，在1999年到2002年这3年间，世界范围内信息生产量以平均每年30%左右的速度递增。5万亿兆字节到底是个什么概念呢？研究人员说，如果以馆藏1,900万册书籍和其他印刷出版物的美国国会图书馆为标准，5万亿兆字节信息量足以填满50万座美国国会图书馆。来源：毛磊《美研究揭示全球“信息爆炸”现状》，新华网，2003年10月30日。

③ FISCHER H D，FISCHER J E.Complete historical handbook of the Pulitzer Prize system（1917–2000）［M］. München：DE GRUYTER SAUR，2003：186.

④ 资料来源：普利策新闻奖官网，https：//www.pulitzer.org/prize-winners-by-category/207。

有西方学者指出，“在大多数情况下，界定解释性报道，都将它与描述性新闻、以事实为基础的新闻或信息来源驱动的新闻相对。解释性报道需要记者对新闻内容进行更多的专业控制和更突出的专业判断，其中可能包括记者的公开评论；强调新闻工作者报道时的主题设置；它还特别关注新闻事实的意义和原因，而非聚焦谁、发生了什么、在哪里和何时发生的”。①

中国学者认为，它是“一种充分运用背景材料来说明新闻事实的来龙去脉，揭示新闻事实的原因、实质意义或预测新闻事实发展趋势的分析性报道”②。

另外一种观点更简化：“解释性报道是一种做解释或者做分析的报道，也就是那个被滥用的词语‘有深度的报道’。它是一种给新闻揭示更深一层意义的报道。它回答的是为什么会发生这一新闻的问题。”“解释性报道是要告诉某则新闻的意义及其前因后果。它是对复杂的事件进行整理和解释。它比官方的材料和声明说得更深一些。它是一种追究动机的报道，解释集体或个人行动的原因。”③

从上述观点可以看出，解释、分析是解释性报道的胎记。

一种说法是，解释性报道是对资产阶级新闻学原来所崇尚的客观报道原则的修改。一些西方新闻学者为了论证解释性报道的必要性和正确性，对传统的客观报道提出了怀疑和反对。他们认为，就实际的情形来说，纯正的客观是不存在的，只不过是一种理想。④

需要指出的是，解释性报道不同于一般的事件性新闻（如消息）。它的时效性要弱一些，且篇幅较长。

另外，解释性报道也不同于调查性报道，前者着力解读新闻事物内在的逻辑（Why，How），而后者则着力揭丑。

一些教科书将新闻述评归入解释性报道，这是不恰当的。新闻述评是中国本土的一种新闻体裁，它将新闻报道与新闻评论有机结合起来，以夹叙夹议的方式传播新闻信息和思想观点。它是以事实为基础的评论，又是以评论为核心的新闻，严格来说它属于新闻评论。在新闻述评中，评论的比重非常大，而且记者的观点亦可嵌入其中。解释性报道则重在让事实说话，观点呈现也以他人观点为主，观点类信息比重很低。判定一篇报道是新闻述评还是解释性报道，直接有效的方法是估算事实

---

① SALGADO S，STRÖMBÄCK J. Interpretive journalism：a review of concepts，operationalizations and key findings［J］. Journalism，2011（13）：144-161.

② 欧阳明 . 深度报道写作原理［M］. 2 版 . 武汉：武汉大学出版社，2006：228.

③ 海敦 . 怎样当好新闻记者［M］. 伍任，译 . 北京：新华出版社，1980：211-212.

④ 郭敏功 . 西方的解释性报道［J］. 新闻战线，1982（12）：47.

与观点呈现的比例。简单来说，如果事实与观点的比例为 5 : 5 或 6 : 4，则为新闻述评；如果相关比例为 9 : 1 或 7 : 3，则可判断为解释性报道。

一些教科书将“新闻分析”也归入解释性报道，这也是值得商榷的。

在一本专业百科全书中，列了“新闻分析”和“预测性新闻分析”两个条目。

新闻分析：新闻写作学术语，解释性新闻体裁之一，指对某一新闻事件或某种新闻现象，用夹叙夹议的方法，进行辩证分析。它重在揭示新闻的背景，有较丰富的雄辩性的背景材料，揭示事物的来龙去脉、矛盾线索、矛盾焦点、实质性问题、深度原因、发展趋势或解决途径等。新闻分析的“议”，不重在逻辑演绎，而重在“用事实解释事实”“用事实剖析事实”的基本方法。新闻分析有着鲜明的研究探讨色彩，忌武断、片面、绝对化。有时，亦可作中性分析以待事物发展及其本质的显现，不急于作某种结论，甚至，用事实去引导受众参与探索结论。新闻分析，往往在有关位置标出“新闻分析”字样。①

预测性新闻分析：预测新闻学术语，预测性新闻体裁之一，是一种较规范的广义性解释性预测新闻。它的最高新闻价值是定性的、不定性的、定量的、不定量的较系统的预测。②

在另一本专业百科全书中，编者在“评论”中列了“新闻分析”条目。

新闻分析：对重大事件发生的原因、事件同各种因素的内在联系、事件产生的后果及影响、事件前景的预测等进行的分析。它与一般新闻（消息）体裁不同之处在于着重新闻中的“为什么”（Why）、“如何”（How），而不仅仅是交代何人（Who）、何时（When）、何地（Where）、何事（What）。它也不是对事件的综合报道，而是对事件深层次的评析。新闻分析与正式评论也不同，它不必正面表态（但有时也不排除必要的正面表态），不必明确表示赞同、反对或持保留、中立的立场，而是侧重通过事实的逻辑客观分析事件的发生与发展，揭示事件与各种因素的内在联系，表明作者对事件的观点立场。因而，它是一种寓观点立场于客观事实分析之中的评论，即一种客观形式的评论。新闻分析这种特点，更容易使持不同观点的国内外受众接受，也更能满足受众对新闻事件深层次了解的需求。③

由上可以看出，虽然都是“新闻分析”，有人将其列入报道类，也有人将其列入评论类。另外，从它的内涵与特征的界定来看，确实与解释性报道有重合之处。

---

① 邱沛篁，吴信训，向纯武，等 . 新闻传播百科全书［M］. 成都：四川人民出版社，1998：187.

② 邱沛篁，吴信训，向纯武，等 . 新闻传播百科全书［M］. 成都：四川人民出版社，1998：183.

③ 冯健，等 . 中国新闻实用大辞典［M］. 北京：新华出版社，1996：104.

奇怪的是，在各种新闻写作教材中，几乎没有“新闻分析”这种新闻体裁。在笔者看来，它更像是媒体的一个栏目。另外，“新闻分析”可以是一个筐：自由评论、记者评析、专家点评、编后……这些都可以放入其中。而且，“新闻分析”顾名思义，侧重分析，是立场与观点的彰显，与“解释性报道”中的“报道”有很大区别。从篇幅上，“新闻分析”可长可短，甚至一两百字都可以。

不过，极少数新闻分析作品严格按报道来写，记者个人观点呈现较少，确实可归入解释性报道。另外，如果报道作品是夹叙夹议的，在新闻体裁分类上，可归为新闻述评，其要义在于借事说义，与新闻分析并不等同。

（二）解释性报道的特征

与通常的新闻报道相比，解释性报道有着迥然不同的侧重点，它可以广泛地提及 5W+H，但重心在 Why 和 How 上。具体来讲，还有四个特点。

1. 置 Why 于显著的地位，在 Why 上大做文章，深挖新闻背后的原因，搞清来龙去脉。纯新闻报道的核心内容只需交代清楚 5W，至多再增添些细节。解释性报道是以解答 Why 和 How 为目标的，不仅告诉人们发生了什么，还提示了直接或间接的因果联系。

2. 着眼于揭示新闻事件的含义，强调新闻事件表明了什么。

3. 从“明天”的角度来展开和解释新闻事件，进行展望。美国报道员罗斯科・德拉蒙德曾说，解释性报道就是“把今天的事件置于昨天的背景之下，从而提示它对明天的含义”。也就是说，解释性报道要充分运用背景材料进行相关解释。

4. 把单一的、孤立的新闻事件与一系列其他事件联系起来，揭示其倾向性。①

（三）解释性报道的题材选择

回顾美国新闻史，解释性报道兴起于 20 世纪 30 年代，在 20 世纪 40 年代成为最重要的报道类型。适当介绍新闻背景以及由专家报道人类在某些重要领域的活动，在此之前也并不是无人知晓的事情。但是，新政时期政治、社会、经济改革的冲击，现代科学技术的兴起，以及世界缩小成一个强权政治的巨大竞技场，这一切都要求媒体采取一种新的新闻处理方法。除了传统的“什么人做了什么事”的报道方法，交代“为什么”变得重要起来。行家出身的记者对政治、经济与企业、外交、科学、劳工、农业和社会工作方面的新闻采访进行了改进。此外，社论版也加

---

① 俞旭. 美国报纸的解释性报道［J］. 新闻大学，1982（3）：63-65.

强了解释性。新闻杂志、一些专业性报纸和杂志以及电台评论员也参加了这项运动。[①]一个例证是，在 1929—1933 年资本主义经济危机期间，解释性报道大行其道，为公众指点迷津。

20 世纪 80 年代，中国大陆媒体开始刊载解释性报道。在当下，需要解释的报道题材主要包括:（1）政党和国家颁布的重要方针、政策及举措;（2）政治、军事、经济等重大突发事件及趋势变化;（3）重要的科技成果;（4）涉及公众切身利益的重大问题;（5）社会现象。[②]

1985 年，普利策新闻奖开始设立解释性报道奖。从历年获奖作品目录中亦能看出解释性报道的选题取向。

普利策新闻奖解释性报道奖获奖篇目（1985—2023）[③]

翻译、整理：张玉洪

1985 年 《心灵修复者》(关于分子精神病学的新科学,《巴尔的摩晚报》，记者:Jon Franklin）。

1986 年 报道战略防御计划（strategic defense initiative）“星球大战”有关科学、政治和外交政策的问题（《纽约时报》，记者 ：Leslie H. Gelb 等）。

1987 年 《改变命运：基因疗法的前景》系列报道（连续 7 天推出 7 篇，共 5 万多字,《芝加哥论坛报》，记者 ：Jeff Lyon，Peter Gorner）。

1988 年 股票市场暴跌（报道 1987 年 10 月 19 日股市崩盘后的重要一天，一个投资银行家因内幕交易被罚款,《华尔街日报》，记者：Daniel Hertzberg，James B. Stewart）。

1989 年 通过调查 1985 年的一起空难，探讨航空安全问题（《达拉斯晨报》，记者：David Hanners，William Snyder，Karen Blessen）。

1990 年 审视证券交易委员会及受前董事长 John Shad 影响的证券政策（《华盛顿邮报》，记者：David A. Vise，Steve Coll）。

1991 年 通过报道杠杆收购 Safeway 连锁超市，揭示高额财务支出中的人力成本（《华尔街日报》，记者：Susan C.Faludi）。

---

① 迈克尔・埃默里，埃德温・埃默里 . 美国新闻史：大众传播媒介解释史［M］. 8 版 . 展江，殷文，主译 . 北京：新华出版社，2001：362.

② 刘冰 . 怎样撰写解释性报道［J］. 新闻与写作，2009（8）：86–87.

③ 资料来源：普利策新闻奖官网。所列相关报道的记者姓名未译为中文，因为直译为中文颇为牵强，于读者而言亦无意义，列陈英文原名，便于读者搜索与查询相关记者的信息。——编者注

1992 年　哈勃太空望远镜因有缺陷，影响了美国的太空计划（康涅狄格州《哈特福德·库兰特报》，记者：Robert S. Capers，Eric Lipton）。

1993 年　《害虫们开始反击》（报道抗生素和杀虫剂功效下降，《亚特兰大宪法报》，记者：Mike Toner）。

1994 年　神经科学（neurological science）最新研究进展（《芝加哥论坛报》，记者：Ronald Kotulak）。

1995 年　贫困溯源（哥伦比亚特区的一家人在贫困、文盲、犯罪和滥用毒品等恶性循环中的挣扎，《华盛顿邮报》，记者：Leon Dash，Lucian Perkins）。

1996 年　埃博拉病毒暴发（发自刚果，《纽约长岛新闻》，记者：Laurie Garrett）。该获奖作品最先获国际报道奖提名，最终提名为解释性报道奖。

1997 年　重症患者如何有尊严地死亡（《费城询问报》，记者：Michael Vitez，April Saul，Ron Cortes）。

1998 年　人类基因组多样性计划（《芝加哥论坛报》，记者：Paul F. Salopek）。

1999 年　亚洲金融危机的影响（以当地冷冻薯条出口产业为例，《俄勒冈人报》，记者：Richard Read）。

2000 年　酗酒成为社区难题（《蒙大拿州大瀑布城论坛报》，记者：Eric Newhouse）。

2001 年　《通往僵局的大门》（混乱的美国航空管理系统，《芝加哥论坛报》，记者：Louise Kiernan，Melissa Deegan，Jon Hilkevitch，John Schmeltzer，Bob Fila）。

2002 年　“9·11 事件”前后（全球恐怖主义网络及威胁，《纽约时报》，记者：Judith Miller，Jim Risen）。

2003 年　美国公司丑闻的根源、意义和影响（《华尔街日报》，记者：Daniel Hertzberg，Mike Miller，David Wessel 等）。该作品最初入围公共服务奖。

2004 年　动脉瘤的突破性核验（examination）（因其常被忽视，每年导致数千人死亡，《华尔街日报》，记者：Kevin Helliker，Thomas M. Burton）。

2005 年　干细胞研究复杂的科学和道德面向（《波士顿环球报》，记者：Gareth Cook）。

2006 年　美国试图让也门民主起来（《华盛顿邮报》，记者：David Finkel）。

2007 年　海洋困局（过度捕捞导致大鱼减少，毒海藻导致哺乳动物死亡等，《洛杉矶时报》，记者：Kenneth R. Weiss，Usha Lee McFarling，Rick Loomis）。

2008 年　DNA 测试的困境和道德问题（《纽约时报》，记者：Amy Harmon）。

2009 年　美国西部应对野火威胁的成本和有效性（《洛杉矶时报》，记者：

Bettina Boxall，Julie Cart）。

2010 年 食品安全问题（有毒汉堡包和其他食品的安全问题，彰显了联邦法规的缺陷，见报后推动了修法，《纽约时报》，记者：Michael Moss 等）。该报道最初入围调查性报道奖。

2011 年 基因疗法（挽救了一名 4 岁的男孩，《密尔沃基前哨报》，记者：Mark Johnson，Kathleen Gallagher，Gary Porter，Lou Saldivar，Alison Sherwood）。

2012 年 避税成功（富人及公司常用税收政策漏洞避税，《纽约时报》，记者：David Kocieniewski）。

2013 年 苹果经济学（The iEconomy）（高科技公司的另一面：降低生产成本、低薪的销售队伍及避税等，《纽约时报》，记者：Charles Duhigg 等）。

2014 年 美国食品券[①]的流行（经济衰退后开始盛行，引出贫困问题与补助依赖，《华盛顿邮报》，记者：Eli Saslow）。

2015 年 众多美国公司避税的原因（立法者和监管者很难制止，彭博社，记者：Zachary R. Mider）。

2016 年 强奸案破案之难（执法部门长期以来未能很好地调查强奸案，亦没有理解对受害者造成的创伤，ProPublica，记者：T. Christian Miller；The Marshall Project，记者：Ken Armstrong）。

2017 年 《巴拿马文件》系列报道（通过六大洲 300 多家记者的合作，揭露了离岸避税天堂的隐秘设计和全球规模，国际调查记者协会、麦克拉奇出版公司和《迈阿密先驱报》团队）。该系列报道最初入围国际报道奖。

2018 年 关于特朗普总统许诺在美墨边境建墙事件的系列报道（《亚利桑那共和报》和《今日美国网》团队）。

2019 年 特朗普总统“逃税门”调查（特朗普 20 世纪 90 年代采取了一些可疑的避税方案，包括一些完全属于欺诈的做法，从而大大增加其从父母那里得到的财富，《纽约时报》，记者：David Barstow，Susanne Craig，Russ Buettner）。该系列报道最初入围调查性报道奖。

---

① 食品券是一项美国联邦计划，旨在帮助收入较低的个人和家庭购买有营养的食物。SNAP 每月会提供购买营养食品的补助。符合条件的人可获得一张借记卡，用于购买食品杂货。该计划的正式名称是“补充营养协助计划”（Supplemental Nutrition Assistance Program，SNAP）。这两个名称指的是同一倡议，因此 SNAP 和食品券没有区别。相关资料显示，相关补助发放量在 2013 年达到最高值，2017 年因美国经济复苏而下降。2017 年，9.2% 的美国家庭得到过补助。2018 年，4,000 万美国人领取过食品券。WATSON T. SNAP benefits and the government shutdown［EB/OL］.（2019-01-24）［2019-11-20］.https：//econofact.org/snap-benefits-and-the-government-shutdown.

2020 年　以科学的方式清晰地展示了全球变暖对地球的可怕影响（《华盛顿邮报》，记者：Steven Mufson，Chris Mooney，Juliet Eilperin，John Muyskens）。

2021 年　通过对美国联邦法院案例的开创性数据分析，对“有限豁免权”（qualified immunity）[①] 这一模糊的法律原则以及它如何保护过度使用武力的警察免受起诉进行了详尽的检视（路透社，记者：Andrew Chung，Lawrence Hurley，Andrea Januta，Jaimi Dowdell，Jackie Botts）；一系列关于 COVID-19 大流行的清晰、明确的报道预测了新冠肺炎蔓延的进程，预示了美国面临的复杂挑战，相关报道阐明了美国政府的失败，并为疫情带来的挑战提供了清晰易懂的背景资料（《大西洋月刊》，记者：Ed Yong）。

2022 年　该报道揭示了建造詹姆斯•韦伯（James Webb）太空望远镜的复杂性。该望远镜旨在促进开创性的天文和宇宙学研究（Staff of Quanta Magazine, New York, Natalie Wolchover）。

2023 年　报道对特朗普政府的政策进行了深入报道和令人信服的解释，该政策强行将移民儿童与父母分开，导致持续存在虐待行为（《大西洋月刊》，记者：Caitlin Dickerson）。

我们可以看出，普利策新闻奖解释性报道奖作品的选题有明显的偏好。选题主要集中在以下几个方面：

1. 科技的发展，尤其是医学的发展，包括基因疗法、干细胞、分子精神病学、DNA 测试、神经科学和动脉瘤治疗等。

2. 社会民生热点。如美墨边境墙、强奸案、贫困问题、食品安全和埃博拉病毒等。

3. 涉及公众切身利益的重大问题。多年获奖的作品中，都涉及税收问题（如避税、逃税等）。

二、解释性报道的写作要点

有研究者提出：西方的解释性报道常用的体裁有解释性消息、解释性专稿和新闻分析三种。后两种可在报道消息之后陆续刊登，原因是有的新闻事件比较复杂，特别是对一些突发事件的解释、分析需要时间。现在，西方处理一些新闻的通常办

---

① Qualified immunity 有多种译法，如有限豁免权、优先豁免权、有条件豁免权，它是美国最高法院于 1967 年首次提出的一项“法律原则”。该豁免权的内容就是，如果政府官员的侵权行为具有“客观上的合理性”（objectively reasonable），即使是违法行为，也免于承担民事责任。

法是：先用最快的速度对事件做简略的报道，然后再做详细的后续报道，对新闻进行解释、分析。这种报道新闻的方法，既注意到了新闻的时效，又注意到了新闻的深度，使读者能够很好地理解新闻，因而受到了不少读者的欢迎。[①]

上述说法部分正确，部分不正确。如本章前述内容指出的那样，新闻分析与解释性报道并不相同，动态消息不应归入解释性报道范畴。不过，西方传媒组合式报道的操作方法却是值得我们学习的。

（一）解释性报道的准备工作

无论写作哪一种形式的解释性报道，记者首先要了解和理解报道对象，也就是"知其然"，这是"知其所以然"的必要条件。

在初期，记者需要做一些"功课"。

1. 全面掌握相关的事实材料。掌握新闻发生的背景、性质；收集关于新闻事实不同的观点；了解新闻事实发展的前景与结局；到图书馆去查阅相关图书、期刊或网络资料；采访与该报道内容相关的人士。

2. 深刻理解报道涉及的专业领域知识。记者必须对报道涉及的专业知识有着透彻的了解，是报道领域的准专家。如果缺乏报道领域的相关知识，记者就很难达到对主体新闻的深刻理解，记者本身都理解不好的事物，也就不要妄想让读者能够理解了。

3. 深入研究事实材料。撰写解释性报道的记者首先是研究人员，他必须深入研究所收集到的事实材料，弄清楚事情的来龙去脉，不断追究新闻的深层因果关系。记者自身搞清楚了，才能向其他人去做解释。

4. 正确对待调查数据。科学的调查的确能够提供有益的数据，这些调查数据应该成为决策和理解某个事物的依据。但是，记者又不能过分夸大调查数据的威力。记者应该在报道中忠实地介绍研究方法和过程，介绍调查研究的资助者和主持调查者的背景，让读者对数据有一个背景参考。记者应该批判性地对待数字，帮助读者走出一些人为设置的迷宫。[②]

另外，记者还要精心设计采访。解释性报道在采访范围的设定上一定要更加全面。采访范围通常需要包括：

（1）主体新闻事件涉及的人员、机构与环境因素；（2）主体新闻相关背景涉及的人员、机构与环境因素；（3）主体新闻影响的人群与环境；（4）与主体新闻相关

---

① 郭敏功 . 西方的解释性报道［J］. 新闻战线，1982（12）：47.

② 刘冰 . 怎样撰写解释性报道［J］. 新闻与写作，2009（8）：86-87.

的背景资料集群；(5) 主体新闻涉及的专业领域的专家和科研机构。①

一个常识是，仅仅靠单一新闻来源，靠一个专业部门提供的工作文件或工作报告，靠某位新闻发言人或者“权威人士”的说法，是不可能写出好的解释性报道的。

(二) 解释性报道的写作要点

1. 让事实说话，用事实解释事实

解释性报道在阐释新闻事实的发生原因、影响范围、发展趋向和深层意义时，应该主要采用让事实说话的方式，要用另外一些事实来解释新闻事实。不能把解释性报道写成主观性很强的新闻评论或政论。

有研究者就曾指出，坚持用事实构成报道，这是写作解释性报道的基本原则。解释性报道对新闻所做的解释不是在议论中实现的，而是在对与新闻相关的各种事实的描述中实现的②。

解释性报道仍然属于新闻报道范畴，而不是新闻评论的范畴。事实材料不够，转而依靠记者的主观论断加以阐释，这是对解释性报道的误操作。

那么，用什么样的事实来阐述事实呢？美国新闻学教授卡尔·林兹特诺姆的阐述可供借鉴或参考。他认为应该在报道正在发生的新闻事实时，注意适当补充以下有关事实——“历史性的、环境性的、简历性的、数据性的和反应性的”事实，这样可以使正在发生的新闻事实更令人明白易懂。

历史性的事实，即提供有关历史背景材料。主要用来解释正在发生的新闻事实的来龙去脉，交代与它有关的事实之间的因果关系。有时将历史背景和当前情况进行恰当的对比，就可帮助读者更清楚地认识事物的本质和真相。补充历史性的事实，也可以使读者有可能预见事情发展的基本趋势。

环境性的事实，是从横向联系的角度去考察当前发生的新闻事实。因为任何事物都不是孤立存在的。如果从事物之间的相互关系去进行了解和报道，效果就会更好一些。环境可分自然环境和社会环境，对事物的“左邻右舍”进行适当的描述，是可起一定的烘托或陪衬作用的。当然，不能喧宾夺主。

简历性的事实，包括新闻中人物的经历、性格特征、趣闻逸事等，适当加以介绍，能增强记者笔下人物的立体感。

数据性的事实，指的是统计的数字和材料。在采写经济新闻时，常常是需要引用一些数字的。高明的记者很讲究数量的表达方式，很注意从百分比中挖掘其

---

① 高钢. 社会转型期呼唤解释性报道［J］. 新闻战线，2005（4）：4–6.

② 高钢. 社会转型期呼唤解释性报道［J］. 新闻战线，2005（4）：4–6.

含义，善于把它们同人们生活中常见的数字材料加以联系或比较，使读者更容易理解。

反应性的事实，指外界对正在发生的新闻事实的议论、意见、分析或评价等。西方记者常常喜欢对事实有选择地加以报道。记者对新闻事件有自己的看法，但不直接出面说话，往往是引用人家的话反映自己的观点。这样，可以给人一种客观报道的印象，还可以对所引用的观点是否正确不负责任。如对于世界上一些突发性事件以及重大的国际新闻，一时尚弄不清楚事态的全部真相，不便匆忙加以评论，西方记者就常常采用这种比较“保险”的手法。此外，这种手法也常用于处理一些内容较为复杂、抽象、难懂的科技、经济新闻。①

需要强调的是，数据常常被认为是最精确的事实，人们一般更加相信数字。所以有时为了精确地说明或解释某些复杂的问题，报道会大量使用数字。比如用一个简单的等式来说明钢铁企业对空气的污染，让观众一目了然：生产一吨钢 =600 公斤煤炭 +3 吨～6 吨水 +1.53 公斤二氧化硫 +1 公斤烟尘。

将数据具象化，也有助于公众加深理解。举例来说，绿山咖啡（Green Mountain）在两年间售出了 180 亿个咖啡滤包。如何让人们直观地感受到这是多大的量？可以用实际空间营造直观感受。你可能听过“绕地球3圈”或“到达月球再回来”这种形容，但这样的空间关系很难想象。试试换用我们熟悉的东西，比如将咖啡滤包堆在有建筑和汽车的城市街区，这样来形容体积——180 亿个咖啡滤包（每个约 5 厘米 ×5 厘米 ×4.5 厘米大小）能塞满纽约市的一个街区，堆到 30 层楼那么高②。

也要注意，不要在一个段落里运用过多的数字，让数字多一些形象，少一些抽象。举例来说，2,611,423 元就不如用 260 多万元；某商品价格增长了 36.7%，就不如说增长幅度超过三分之一；收入增长了 98%，不如写几乎翻番。

另外，数据对比能让受众得以加深对报道事物的认知。

2. 何时和怎样解释

在写作解释性报道时，记者要明确在什么地方解释：不言自明的地方不需要解释，隐藏在表面现象背后的东西才需要解释。

需要解释的是：新闻事实发生的原因、条件；新闻事实的发展趋势和前景：从“明天”的视角解释新闻事实，着眼现在，展望未来；新闻事实对社会与生活的影响；新闻事实的本质与深层意义：将一系列事实联系起来观察和思考，揭示新闻意

---

① 王鲲 . 国外如何进行解释性报道［J］. 新闻界，1986（6）：43.

② 极端抽象数字也能具象化（How to make extreme numbers resonate）［EB/OL］.（2016-1-5）［2019-11-20］. https：//www.hbrchina.org/2016-01-29/3791.html.

义；读者感到困惑的其他地方。

我们来看一个案例：

4S店里为何有那么多“坑”？

新华社西安2019年4月21日电（记者 薛天、贺鑫）近一段时间以来，随着舆论的聚焦，汽车销售行业的乱象逐渐被揭露，4S店里的“坑”也渐露马脚。那么，到底是什么原因导致4S店里“坑”出不穷呢？记者就此进行了调查。

行业乱象屡禁不止，“按下葫芦浮起瓢”

汽车消费领域长期以来一直是消费者投诉的重点。中消协发布的数据显示，在2018年全国具体商品投诉中，汽车及零部件投诉高居榜首。

2018年汽车消费额占我国社会消费品零售总额的比重为26.8%。大部分消费者在进行汽车消费时，或多或少地都遭遇过销售环节设下的“坑”，如被强制收取“金融服务费”等。

据行业监管部门调查，购车消费中的违规“衍生收费”还有很多，包括“强制装潢”“强制保险”等不一而足。而在车辆后期的维修保养中，一些4S店“偷换零部件”“增加维修工时”“不按三包法退换车辆”等问题也不同程度存在。

针对这些问题，我国各级市场监管部门一直在加大对行业乱象的打击力度。2017年，浙江全省工商（市场监管）部门就启动了为期4个月的汽车消费领域专项执法行动；2018年，河南省商务厅从当年4月开始在全省开展汽车销售市场专项执法百日行动“回头看”活动……然而，严查的时候违规现象偃旗息鼓，“风头一过”又卷土重来。

投资多家互联网车企的博泉投资有限公司董事长卢博实说：“4S店投资、运营成本都很高，目前行业整体利润减少，厂家给经销商下的任务、指标依然很多，于是这些4S店就会打歪主意，从而造成整个行业的乱象‘按下葫芦浮起瓢’。”

“亏本卖车”成为扭曲市场秩序的诱因

“价格倒挂”“亏本卖车”已成为大部分汽车经销商面临的严峻问题。某4S店销售人员表示，除部分特定车型销路较好，甚至需要加价预订外，大部分车型只有靠打折才卖得出去。

一位从事汽车销售工作20年的李经理透露，一辆新车指导价20万元，进价约18万元，市场终端售价为16万元，经销商每卖出一辆就会亏损2万元。以该型号车每月单店平均销量40辆来计算，每月单纯一款车销售造成的亏损就达80余万元。“于是，经销商就会想尽办法在各种‘衍生收费’上做文章。”

“金融购车服务费为贷款比例的 6%，贷款 10 万元就会收取 0.6 万元左右的服务手续费；抵押担保费 0.2 万元；代办上牌费 0.1 万元；新车装潢费用约 1 万元；行业保险返利 15%，0.1 万元左右。如果所有‘衍生收费项目’客户都愿意购买，就基本上可以补齐亏损差价。”李经理说。

但是，很少有客户会将销售环节上的“营销套路”照单全收，这样亏损不能完全弥补。西安某汽车销售企业的管理人员表示，售后服务中的“产值”，以及完成厂家计划考核销量后的厂家返利，就成了另一个重要的盈利来源。

“以一辆销售额为 20 万元的汽车计算，假设完成厂家全年计划 2000 辆目标，便可获总销售额 4 亿元的 2% 奖励，约 800 万元的厂家返利。”该管理人员说，“为了获得这个奖励，各经销商就会打价格战以完成厂家制定的营销任务”。

而对于造成“价格倒挂”的原因，汽车行业投资人熊先生认为，目前汽车厂商之间的竞争越发激烈，但技术创新速度较慢，传统产能过剩，大量的车辆生产出来后压向经销商，成为经销商必须卖出去的库存压力。同时，不少品牌厂家疯狂扩网，在一个地方过度增加经销商，导致经销商之间竞争白热化，只能打价格战。

汽车行业投资人张先生说，2008 年至 2013 年大部分经销商是盈利的。从 2013 年至今，汽车销售行业受多重因素影响，颓势明显，尤其近两年，大部分经销商已开始赔钱，只有依靠各类“套路”弥补亏空。

汽车销售行业转型升级迫在眉睫

“但这并不能成为 4S 店损害消费者权益的理由。”西安市市场监管局高新分局副局长刘林说，“此次事件爆发后，陕西省、西安市都已展开打击汽车消费领域乱象的专项行动。”

在采访中，多位汽车销售人士承认自身的做法存在问题，愿意接受整改。但他们同时表示，当前汽车销售行业也需要转型升级，厂家与销售商之间应建立更为和谐的关系。

“未来 4S 店的模式肯定是要改变的，走向轻资产、集约化将是方向。比如目前特斯拉的销售模式，线下建体验店、线上选车订车，没有中间环节。这样既能节省经销商大量资金成本，土地、人工成本等也会大幅降低。”卢博实说，“目前传统 4S 店模式已经到了生命周期末期，更加高效、便捷、集约化的销售模式即将到来。”

但也有业内人士认为，彻底扭转传统 4S 店销售模式仍需要一段时间。李经理说，目前厂家强势、经销商弱势体现在三个方面：“第一，厂家在同一个城市可以任意批建新的 4S 店，既有经销商无权过问。第二，大部分经销商没有向厂家选择性订货的权力，经销商的库存结构完全取决于厂家的出库计划，敢于叫板的经销商，下一年度代理资格就可能出现问题。第三，投资一家4S店至少需要3000万~4000万元，如果是高端品牌则可能需要上亿元资金，经销商即便对厂家不满，也很难有能力更换品牌、重建渠道。”

这篇报道指出了4S店“亏本卖车”成为扭曲市场秩序的诱因，其内在逻辑是其通过走销量来获得厂家返利。但记者并未采访任何一个厂家。另外，强势品牌是否亦如此操作？有无可能厂家介入4S店建设？金融机构是否有意与4S店串通一气？如果看完一篇解释性报道后，还会有无数问号冒出来，说明解释并未完全到位。

此外，用通俗的语言完成对新闻的解释也很重要。正如有研究者指出的那样，需要解释的新闻大多是普通读者比较陌生的领域，记者在做解释的时候一定要使用普通读者能够听得懂的语言，化复杂深奥为明白易懂，而不要试图使用专业术语和行话来做解释，把解释性报道写成了专业论文。解释性报道也是新闻，要把报道写成能让普通读者始终感兴趣的故事，让读者在阅读故事中了解意义，增长学问，更新认识[①]。

3. 适度引用专家权威的见解

正如有研究者指出的那样，记者不应该在报道中随意发表自己的议论，解释性报道也不例外。专家发表的权威意见比起记者的言论更具有说服力。在对专业问题的解释方面，专家权威更容易获得读者的信赖。在解释性报道的关键之处，引用专家权威的观点，可以为报道增添力量。记者应该找到真正的专家。经常在媒体上曝光的专家不一定就是真正权威的专家，他们很可能是一些肤浅的媒介知识分子，记者不应该成为哗众取宠者的助推，记者应该寻找真正的权威，发表他们的真知灼见。[②]

我们来看一条消息。

中国会成为日本吗？

【美国《基督教科学箴言报》网络版8月19日报道】（记者阿梅莉亚·纽科姆发自北京）亚洲新巨人中国决心从轿车到软件业等各领域挑战美国，这越来越激起世人的担忧。日本20世纪80年代的经验或许能使人深入了解中美两国在21世纪的全球经济中如何展开竞争和共存。

分析家们说，一方面，中国构成的威胁不像人们通常说的那样大。不同于20年前的日本，中国想要在高科技和管理方面赶上美国还需要几十年的时间。另一个关键的不同点在于，北京欢迎外国的资本和公司。这是东京过去不情愿（现在仍不情

① 高钢．社会转型期呼唤解释性报道［J］．新闻战线，2005（4）：4–6.
② 刘冰．怎样撰写解释性报道［J］．新闻与写作，2009（8）：88.

愿）接受的东西。例如，2004年，中国进出口总额占国内生产总值75%，而日本约占25%。虽然中国显然已在觊觎扩大在美的投资，但它迄今尚未竞购像洛克菲勒中心公司这样的美国标志性企业。

在许多方面，中国对美国的经济和战略影响才初见端倪。的确，它的经济增长速度惊人。在中国因巨大的低收入劳动力储备使其享有“世界工厂”地位的同时，它也在加强培养高端人才能力——拼命培养更多的博士并开办工程学校。

哈佛大学亚洲中心主任、费正清东亚研究所主任、著名中国问题专家傅高义说：“中国由于它的廉价劳力储备和高水平的教育，将会继续构成一个非常庞大的挑战，一个不可能像日本那样迅速消除的挑战。”但他又说，“虽然对中国的不断崛起，会有许多美国人感到恐慌，但如果我们有娴熟的政治上的管理者，我们就没有理由应付不了这一切。”

虽然一些贸易堡垒会使中美间的贸易逆差继续扩大，但中国经济显然要比日本更加开放。其结果，当今美国的企业界是中国坚定的支持者。美国企业的利益——沃尔玛，通用汽车公司和微软公司——越来越与中国的利益密不可分。美国最大的公司沃尔玛百货公司去年有180亿美元的上架产品来自中国。

曾带头要求国会对日本采取强硬措施的那些公司如今对国会的议员越来越把矛头对准中国感到担心。最近一家中国公司未能成功购得美国优尼科石油公司，在这个问题上，议员们对中国的敌意也显而易见。

美国的消费者也是中国的朋友。总体说来，中国的出口导致别国的就业机会的流失。随着消费者对“美国制造”的忠诚度的降低，价位低——中国劳动力低廉的产物——已被视为理所应当的事情。

观察家说，美中关系面临的最大挑战可能是政治上的，即对双方在台湾问题上的分歧和中国支持美国所反对的政权的做法。观察家普雷托维茨说：“如果抛开政治上，那么美中关系不会有多少令人忧虑的问题。”

（原载2005年8月25日《参考消息》）

上述报道篇幅不长（不到一千字），可以归为解释性消息[①]。该消息的长处是在列举事实的基础上穿插专家的观点。不过，不足之处在于分析过多，而且匿名的分

① 解释性消息，是消息体裁类型之一。它指在常规的动态消息中融入较多的解释，从而改变了一般动态消息的构成与性质，使一般动态消息转化为“解释性消息”。在解释性消息中，最新事实成为“新闻由头”，而大量的解释构成了新闻的主体。凡一切不解释或不充分解释，受众便不能理解的最新事物的报道，多宜使用“解释性消息”。它的基本写作程式，仍遵循消息的写作程式。邱沛篁，吴信训，向纯武，等. 新闻传播百科全书［M］. 成都：四川人民出版社，1998：155.

析占了大多数，另外一个不足是记者的主观性议论太多。

有研究者指出，“解释性报道的最大弊病在于言论成分较多，致使报道的可信性受到损害，有时则沦为读者颇为反感的宣传”。[①] 另一研究者指出，当前解释性报道存在的问题之一是“过度引用专家解释，忽视公众意见感受”。“记者也倾向于引用各行业的专家观点作为理论支持，但这种过度依靠专家解释、片面突出专家意见、忽视公众想法的报道方法，并不能增强报道的证明力。相反，由于部分专业人士与经济利益捆绑、社会责任感缺失，导致公众对专家的信任度不断降低，其发言的权威性受到质疑。”[②]

4. 借鉴特稿的手法

解释性报道可能误入两种歧途：一是极易写成说教式的报道或说明书式的介绍；二是事实少于分析，体裁从报道转向了评论。若规避第二种情况，只要以事实解释事实即可；要规避第一种情况，则须从新闻报道方式上着手。

美国《底特律新闻》社论作家杰克·海敦曾告诫说：“解释性报道必须要写得好。你在做了大量的调查研究和访问以后，决不能因为写得乏味而前功尽弃，同时也不要把你的报道写成哲学博士的论文。”“解释性报道要按照写特稿的方式写。实际上，你是在为你的报纸写一篇杂志性质的文章，但不在其中发表议论。你有大量的情况要告诉读者，但你必须写得引人入胜，否则你就会失去读者。”“记者写解释性报道可以采用小说家所使用的所有手法，包括对话、场景、叙述、描写和倒叙等。”[③]

上述建议给我们很大的启发：和所有新闻报道一样，解释性报道不是写文件，不是写说明书，而是讲故事。

5. 积极运用多媒体

在互联网时代，解释性报道不应只是纸质版（文字版），还可以是网络版（多媒体）。这就需要在制作解释性报道时不仅限于文字和图表。

2018 年普利策新闻奖解释性报道获奖篇目的主题是“美国和墨西哥两国的边境墙”。颁奖词这样写道：“为了生动、及时地进行报道，它将文本、视频、播客和虚拟现实巧妙地结合起来，从多个角度审视了如果实现特朗普总统承诺在美国和墨西哥边境修建隔离墙的困难和意想不到的后果。”

自 2014 年以来，美国的媒体机构在互联网上掀起了一股解释性新闻的热潮。一批解释性新闻网站、频道以及新闻应用纷纷上线，尤其是 Vox Media 旗下的

① 俞旭．美国报纸的解释性报道［J］．新闻大学，1982（3）：63–65.

② 何青霞，尉春艳．当前解释性报道存在的问题与对策［J］．传媒，2016，20（10）：53–54.

③ 海敦．怎样当好新闻记者［M］．伍任，译．北京：新华出版社，1980：217.

Vox.com，《纽约时报》的 The Upshot，ESPN 集团的 Five Thirty Eight 三家网站的出现最为引人注目。

有研究者发现，在报道手段上，这些解释性新闻网站除了采用文字、图片、动画、音频、视频等多媒体技术，还在报道中大量使用数据，积极发展数据新闻。在新闻内容的传播形态方面，相较于单向的、告知性的大众传播，这些解释性新闻网站都更为注重用户的参与、分享，努力推动内容经由社交网络进行高质量的扩散。比如，半岛电视网针对年轻群体推出的新闻应用 AJ+ 中，就专门设计了“对话”“辩论”和“小测试”等卡片来促进读者围绕新闻报道开展讨论。[①]

因此，解释性报道应该主动拥抱新媒体，致力于打造融媒体时代的解释性报道。对纸媒来说，应该推出多种版本的解释性报道。

三、解释性报道案例分析

（一）2016 年普利策新闻奖获奖案例

《一桩难以置信的强奸案》

【作品点评】

2016 年，该报道获普利策新闻奖解释性报道奖。颁奖词称：“它（们）令人震惊地审视和揭露了执法部门长期以来未能成功调查强奸报案的问题，并致力于了解这些失败的破案对受害者造成的创伤。”根据该报道改编的八集电视剧《难以置信》（*Unbelievable*）于 2019 年 9 月 13 日首播。

获普利策奖的实际上是关于“强奸”议题的系列报道，除本书列举的报道（2015 年 12 月 15 日刊发）外，还包括《美国联邦调查局建立了一个强奸犯的数据库——但基本上就是一个摆设》（*The FBI Built a Database That Can Catch Rapists — Almost Nobody Uses It*，2015 年 7 月 29 日刊发）和《强奸就是强奸，不是吗？》（*Rape is Rape, Isn't It?* 2015 年 12 月 17 日刊发）。

说起来，“强奸”是一个相对静态的话题，但又是一个常新的世界性话题。一个例证是：2017 年 10 月，女星艾丽莎 · 米兰诺（Alyssa Milano）等人针对美国金牌制作人哈维 · 韦恩斯坦（Harvey Weinstein）性侵发起的 #ME TOO 运动，她们呼吁所有曾遭受性侵犯的女性挺身而出说出惨痛经历，并在社交媒体贴文附上标签，以此唤起社会关注。

① 文卫华 . 美国解释性新闻网站的兴起与创新［N］. 光明日报，2015-09-12（6）.

作为“强奸”议题系列报道的重头，《一桩难以置信的强奸案》在2015年底发表，但报道中最新的时间节点是2011年，可以说时效性很差。但它的取胜之道在于，通过受害者和警方两个视角来审视一桩强奸案的破获。

报道借鉴了小说（影视作品）常用的复线叙事：

1. 华盛顿州，林雾市2009年3月12日；
2. 科罗拉多州，戈尔登2011年1月5日；
3. 华盛顿州，林雾市；
4. 科罗拉多州，戈尔登2011年1月6日；
5. 华盛顿州，林雾市2008年8月11日；
6. 科罗拉多州，威斯敏斯特2011年2月9日；
7. 华盛顿州，林雾市2008年8月14日；
8. 科罗拉多州，莱克伍德市2011年2月13日；
9. 华盛顿州，林雾市2008年8月11日。

读这篇报道，就像读电影剧本，两个州的两个地点（华盛顿州林雾市和科罗拉多州戈尔登）不断切换：主线是受害者玛丽的故事（单数序号）；辅线是警察破案的故事（双数序号）。1是公诉，9才是强奸犯罪事实经过，形成前后呼应。这种写作，是形式上的创新，内容亦非常充实，有故事，亦有相关数据作新闻背景。

穷尽一切手段搜集素材，方为成功之道。为了写好这个故事，记者采访了故事的主角玛丽、玛丽的养母、辩护人、律师，也采访了多位警察和专家。记者还向多个机构提交信息公开申请，共收到数千页文件。其中包括多地的调查报告，各执法机构搜集的犯罪现场照片和监视录像，警方如何处理玛丽强奸案报案的两个案件审查记录，以及奥利里在科罗拉多州被捕后接受警方采访的录像。而这个故事中任何人的讲述或想法都是从这些采访或文件中提取出来的。①

ProPublica 总编 Stephen Engelberg 向普利策新闻奖委员会这样评价这篇报道：

这一组合报道构成了极佳的解释性报道。针对一个有争议的话题，报道用勇气和明晰的写作去解决。对那些渴望结束性暴力顽症的人们来说，这组报道是帮助公众更好地理解相关问题的机会。②

---

① MILLER T C，ARMSTRONG K. How we reported “an unbelievable story of rape”［EB/OL］.（2015-12-15）［2019-11-20］. https：//www.pulitzer.org/winners/t-christian-miller-propublica-and-ken-armstrong-marshall-project.

② ENGELBERG S.Cover letter for entry［EB/OL］.（2015-12-15）［2019-11-20］.https：//www.pulitzer.org/winners/t-christian-miller-propublica-and-ken-armstrong-marshall-project.

这组报道的记者们认为，要做好“强奸”议题的报道，提高调查的技巧很重要。以下步骤可坐实犯罪行为，同时也可保护受害者。

1. 和警方确认疑犯曾住的地方或造访过的地方

我们的报道显示了这一简单步骤的价值。警方在调查一系列指控前美国橄榄球球星 Darren Sharper 强奸案时，从未联系他从前的所住地的警方。各地警方各自为政，结果他 3 年内强奸或袭击多个州的 9 名女性。

在我们的这篇报道里，科罗拉多州的一名警察立即联系他们的同事（同行）。6 周内，他们抓获了 Marc O'Leary，一名连环强奸犯，被判刑 327 年半。

2. 使用美国 FBI 的暴力罪犯逮捕计划（The Violent Criminal Apprehension Program，ViCAP）[①] 数据

ViCAP 是美国 FBI 的一个数据库，旨在根据连环杀手和强奸犯的相似行为来抓捕他们。ViCAP 利用当地执法机构提供的数据，搜索未侦破的犯罪案件，找出类似的犯罪模式，比如说凶手在几次袭击中使用同一把刀。它暗示了可能的匹配度。

ViCAP 在强奸案中特别有用。首先，大多数强奸犯是累犯。研究显示，三分之一到三分之二的强奸犯会犯下多项罪行。相比之下，只有百分之一的杀人犯是连环杀手。另外，只有大约一半的强奸案会留下 DNA。ViCAP 可以用来抓捕未留下 DNA 的连环强奸犯，但在美国，当地警方并没有向 ViCAP 提供太多信息。而且由于信息匮乏，系统很少出现合适的配对。

3. 留心关于强奸的迷思（myths，神话、虚构的人或事）

犯罪专家曾谈及假想的“正义的受害者”。比如她在一次“真正的强奸”中被袭击。她是一个过去没有污点的女人，被一个陌生人强奸后迅速向警方报案。受害者和犯罪行为真实存在。但它们并不常见。

事实是，遭遇强奸罪行后，受害者的反应千奇百怪。女人通常不会马上报警。她们可能是牧师，也可能是性工作者。绝大多数人都认识性侵者。只有 13% 的强奸案是由陌生人实施的。任何可能参与强奸案调查的警官都该好好地读读基于证据的发现——很多都令人惊讶——到底强奸是怎么回事。

4. 学会倾听

这也许是最理所应当的。警察，像记者和检察官一样，对他们在工作中遇到的人会产生天生的怀疑。这没问题，因为骗子和罪犯很多。但重要的是去倾听一个受害者的故事，然后去核实。一个女人或一个男人站出来告诉警察他们被强奸是需要

---

① 1985 年由美国 FBI 创立的下属机构，致力于分析一系列暴力及性犯罪等。

勇气的。警察应该尊重他们的这种勇敢，应该客观办案和勤奋办案。

5. 在指控某人谎称强奸之前，一定要确保你有十足的证据

有充分的理由考虑起诉那些谎报强奸的人。无辜的人会受到伤害：他们的名誉可能受损；宝贵的警察资源可能被浪费。但警方的案件专家表示，提起此类指控的成本也可能很高。如果妇女担心她们的强奸报案被认为不可信，可能会被起诉，就不会报案了。只有大约三分之一的女性被强奸后会报警，部分原因是长期以来美国司法界一直在驳回女性的指控。警方在处置涉嫌虚假的报案时应与其他真实报案一样。警方必须证明报案者编造了这个故事而不是猜测。这就需要警方在提出指控之前收集证据。

（二）中国媒体报道案例

沙市奶农见识市场残酷
5万公斤鲜牛奶倒进农田

谁来助农走“有效供给”之路

本报讯（记者 刘畅）沙市区城郊奶农见识了市场的残酷。由于少人收购，他们不得不将5万多公斤鲜奶倒进农田。

25日，记者接到沙市窑湾农场奶农打来的求助电话，反映他们养的奶牛每天产奶1000多公斤，由于少人收购，一半牛奶只能倒进农田作肥料。

记者赶到现场。空气中弥散着一股刺鼻的酸腐味，奶农们正把一桶桶豆腐脑似的变质牛奶倒进田里。一位满脸愁容的奶农告诉记者，鲜奶仅能保存3天，由于收购的人少，3个月来他们已倒掉5万多公斤，实在可惜。为减少损失，他们只好克扣奶牛的“口粮”，许多牛饿得皮包骨头。

窑湾奶农是去年9月开始养奶牛的。当时，牛奶市场价格高达每公斤2元，还供不应求。附近的一家乳品企业也鼓励他们多养奶牛，并口头承诺收购。他们引进黑白花和俄罗斯奶牛，每头单价高达1万多元，加上饲料、人工和冰柜等配套设备，大户投入10万多元，小户也投了二三万元。他们非常后悔当初没和那家乳品公司签订购销合同。

当时鼓励农民养牛的力能达公司也有苦衷。经理助理杨妙林告诉记者，去年市场行情十分看好，他们就鼓励农民多养奶牛，一来农民可以增加收入，二来也可多给公司提供鲜奶原料。但今年以来，大量私人作坊生产的假冒伪劣奶制品涌入市

场，加上向周边学生供奶的计划搁浅，市场对鲜奶的需求大幅下降，他们也无法兑现当初的承诺。

奶农们说，他们曾推车沿街叫卖，但收效甚微。也曾想过组织人员将牛奶送到武汉、宜昌等地，可租一辆冷冻罐装车来回成本至少要3000多元，实在难以承受。按现在的情形，今年至少还得倒掉10万公斤牛奶。

采访中，不少干部和奶农表达了同样的担忧：加入WTO，市场变化系数更多，农产品竞争更加激烈。如何帮助农民走“有效供给”之路，是当前亟待破解的难题。

（《湖北日报》2002年4月26日）

一堂生动的经济课

——荆州市奶农“倒奶事件”解读之一

记者 王溥 松杰 刘畅 济东

发生在荆州市沙市农场的奶农“倒奶事件”，令许多人“不曾想到”：资本主义国家陷入经济危机时，农场主为了保持高额利润，将牛奶倒进大海的残酷情景，会在社会主义市场经济中出现！

虽然奶农和农场主倒奶的原因大相径庭，但对奶农及千千万万市场主体来说，“倒奶事件”无疑是一堂生动的经济课，一堂深刻的投资风险教育课。

5万公斤原奶被倒

倒奶始发于2月5日，农历2001年腊月二十四，中国人传统的小年。

这天，荆州市力能达乳业有限公司称，由于沙市区5所学校终止购奶，公司原奶需求量减少，对奶农家的牛奶不可能像以前一样照单全收。

事发突然，奶农们措手不及。一些人认为，这可能是暂时的。但事实很快证明这种判断是天真的，事态向奶农最不情愿的方向发展。

2月、3月、4月，奶农们苦苦期盼的市场反弹始终没有出现。无奈中，奶农们只好将一批批变质的原奶倒进农田。

“大户”之一的范后奎透露，截至4月底，奶农们倒掉的原奶已达5万多公斤，最多的一张姓农户倒掉了5000多公斤，最少的也在1000公斤以上。按每公斤1.3元的生产成本计算，奶农们的直接损失超过7万元。

照此下去，不仅当初致富的愿望会落空，而且不少家庭将背上沉重的债务。据了解，不少奶农借债引进每头单价高达1万多元的黑白花和俄罗斯奶牛，投资最多的达10多万元，少的也在二三万元，一些外来户还得负担一笔价格不菲的房屋、场地租赁费。

“没办法，这就是市场经济的残酷。”范后奎的眼中充满了矛盾和无奈。

……

（《湖北日报》2002年5月14日特别关注版）

亟待研究的“有效供给”

——荆州市奶农“倒奶事件”解读之二

记者 王溥 松杰 刘畅 济东

对于亟待与市场接轨的小农生产者而言，仅仅具有对市场残酷性的认识还不够。

众所周知，深受数十年物资短缺困扰，我们的“拿手好戏”是在供给不足条件下，通过计划手段调节市场需求。在建立社会主义市场经济体制过程中出现的供大于求，需求不足的情况，我们的思想准备显然不足。

买方市场的出现，导致奶农及耕农们在思考与市场对接时必须多一层次，即不仅要满足于生产出产品，而且要研究提供有效商品。

产品——商品：一字之间的鸿沟

马克思主义经典作家认为，产品仅仅具有使用价值。只有通过市场交换并且交换成功，产品才能成为商品。

根据这一理论，沙市奶农们生产的原奶只能算作产品，而不能被称作商品，因为倒掉的原奶根本就没有进入市场交换环节。

从采访情况看，原奶不能成为商品，既有市场内在原因，也有不得不提的外部影响。

据了解，目前荆州鲜奶市场日销量为1万份左右（约合2吨），按城区60万人口计算，人均日消费鲜奶量不足0.01公斤，仅为全省平均水平的1/70。在这块小小的“蛋糕”中，力能达约占市场份额的25%。沙市农场奶农们现有乳牛70多头，日产原奶1.4吨左右，大大超过力能达现有收购能力和吸收能力。而且，像喜旺、光明等品牌的鲜奶，其原奶基本上从外地收购，进一步加剧了荆州原奶市场供大于求的现象。

此前原奶为何能转化为商品呢？力能达公司副总经理肖从良透露，近年来荆州市场上各种假冒伪劣品牌的鲜奶屡禁不止，2001年上半年混入市场的有十几种，正规企业被逼得节节败退。当年9月，在消费者和正规厂商的呼吁下，荆州市有关部门对当地鲜奶市场开展专项治理，力能达的日销量由3000~4000份快速飙升至7000~8000份，原奶收购量急剧增加。也就在此时，奶农们大量购置奶牛。但力能达好景不长，今年春节前后，因各种杂牌鲜奶死灰复燃，公司销量跌回整顿前的水平。

一知情人士还透露，因为不便公开的原因，今年2月初，沙市区5所学校将学生课间餐由牛奶改为豆奶，令原本风雨飘摇的力能达雪上加霜，奶农们的“靠山”因此走向崩溃边缘。

产品与商品仅一字之差，两者间的距离却是如此遥远。华中科技大学博士生蒋天文说，两者含义迥然不同，其背后实质上是农民由自给自足式的耕农向立足于市场的商农身份的变革。中国农民在这条路上付出了高昂的成本，看来真正走到头，还需时日。

商品——有效商品：一道新课题

前路未畅，又遇新的“拦路虎”。

即便产品变成了商品，也并不意味着一定就适应市场要求。在市场交换过程中，还有交换价格问题。只有所提供的商品是有效供给的商品，才能卖得好价钱，生产者才有利可图。“倒奶事件”表明，“有效供给”是更待深入研究的新课题，特别是在各地大张旗鼓调整产业结构的关键时期。

资料显示，1996年下半年，我国开始步入买方时代，主要农产品出现供大于求，部分地区甚至发生种田亏本，养猪赔钱等伤农事件。为扭转这一状况，各地农民在政府引导下轰轰烈烈进行产业结构调整，提供有效商品。沙市奶农们开始养牛，正是循着产业结构调整的思路进行的。

一位养牛大户称，他们之所以弃田养牛，靠的是两张“王牌”：一张是与力能达公司仅一墙之隔，具有近水楼台之便；一张是有关部门大力倡导喝奶，而湖北奶源严重不足，想必应该能赚钱。

事实表明，与力能达一墙之隔并不能保证他们就能及时获悉力能达的完整经营信息。比如说，力能达自始至今都在亏本，奶农们就一无所知；力能达的真正吸收能力，奶农们更是无从知晓。在二者间的买卖关系中，奶农始终处于被动、附属地位。

目前湖北奶源不足确属实情。九三学社湖北省委员会在一份议案中提出，2000年我省牛奶产量56433吨，人均大约1公斤，在全国居第26位。如果达到北京市的水平，仅武汉市就要增加3.71万头奶牛。现在湖北的奶源，只能满足加工能力的1/3。但沙市奶农们忽视了一个至关重要的因素，即鲜奶属于易碎品，具有极强的就地消费特点。

中南财经政法大学王年咏博士认为，奶农们弃田养牛，进行产业结构调整，主要立足于需求方面。实际上，需求和供给是市场的两个环节，缺一不可，需求多是就整体状况而言的，而供给则主要涉及微观层面。在供大于求的背景下，政府进行宏观调整主要是刺激和培育需求，但具体生产者则应重点研究供给，以生产对路产品。

有效契约：有效供给的保障

与奶农们的交流中，记者发现，他们对有效供给的道理已有初步认识。但因受综合素质、信息收集渠道等方面的影响，要使一家一户分散式经营的奶农们实现有效供给，实在勉为其难，也不现实。

华中科技大学博士生陈洪波分析，在自身力不能及的条件下，奶农们可借助其他手段达到有效供给的目的。他认为，与吸货能力强、诚信度高的大集团签订供销合同是一条比较切合实际的有效途径。

湖北安琪生物集团喜旺食品有限公司副总经理许勇介绍，2000年至今，“喜旺”的销售量以年均40%的速度递增。为确保奶源供应，公司借助“公司＋农户”方式，向奶农提供贷款260多万元，在当阳市前坪等地建立了多处生产基地。“喜旺”定期派专家为养牛户提供技术服务，并不定期将相关市场信息及时反馈给农户。为保证奶农利益，公司与奶农签订了为期20年的购销合同，明文规定以不低于1.8元/公斤的最低保护价敞开收购原奶，如市场价格上涨，其收购价格随行就市。据了解，目前受“喜旺”“保护”的奶牛已超过3000头，近千家农户深受其益，“喜旺”也免去了奶源不足的后顾之忧。

许勇表示，“喜旺”愿意将这一“双赢”模式嫁接到荆州。

（《湖北日报》2002年5月15日特别关注版）

冲破小农经济的“藩篱”

——荆州市奶农“倒奶事件”解读之三

记者 刘畅 济东 王溥 松杰

意想不到的尴尬

5月1日，两辆牛奶冷罐车缓缓驶入沙市农场，奶农们一下子拥了上来，多日笼罩在他们心头的阴霾终于散开了——通过本报牵线搭桥，宜昌市喜旺奶制品公司决定收购奶农们“多余”的牛奶。

随车而来的喜旺公司副总经理许勇也很高兴，公司正准备大力进军荆州鲜奶市场，沙市农场可以就近提供新鲜牛奶，既能节约运费，又能保持牛奶的新鲜度。他甚至已经开始考虑下一步帮助奶农提高生产规模，优化鲜奶质量的具体方案了。

然而许勇和奶农们的好情绪很快就被争论声打断了。喜旺公司的化验员对牛奶进行了仔细检验，最终收走了其中的500多公斤，剩余的200多公斤因生化指标不达标而未能被收购。“我们一直都是这样保存的，为什么你们要求如此苛刻？”被拒收的奶农急得满脸通红，“一天一夜的辛苦难道又只能换来一场空？”

“牛奶的保存只能在0℃~4℃，可你们把牛奶储藏在冰柜中，温度达到零下10℃，冷冻后的奶蛋白质极易变性，达不到公司制定的鲜奶生化指标。”“喜旺”的高级畜牧师十分遗憾地告诉农民。

在收购过程中，喜旺公司还遭遇了意想不到的尴尬。公司希望农民们每天能派一名代表到奶厂现场检验质量，可农民们却始终选不出一名代表，被推选者都以家中事务繁忙为由推脱了，在定价上，各家各户也是意见不一，无法达成一致。

喜旺公司副总经理许勇告诉记者，公司只能是对单一主体进行交易和核算，农民们如果不能有效组织，形成协会，在今后的牛奶收购中将会遇到很多实际问题，最终受害的还是农民自己。

眼泪感动不了市场

望着缓缓开走的冷罐车，一位奶农流下了眼泪，这并不是奶农们第一次流泪。早在半年前，当力能达公司拒收原奶时，奶农们就见识了市场的残酷性，他们说：“该公司不仅违背承诺，而且趁火打劫，压级压价，直到5月才结清了1月份的奶款，2月、3月、4月的奶款至今尚无着落。”

“如果大家齐心协力，有组织地和公司交涉，结果也许不会这样。”曾想牵头组织协会的大户范后奎在碰了一鼻子灰后，无奈地告诉记者。这位曾经做过生意，搞过运输的能人如今心灰意懒，准备将奶牛卖掉另谋出路。

“奶农难以组织的原因在于一些人仅仅考虑个人利益，缺乏整体意识和团队精神。这正是小农经济意识的集中表现。”湖北农学院农业经济学教授曾令香认为。“在市场交换中，总是力量占优势的群体具有更强的话语权。沙市奶农由于力量分散，势单力薄，只能是以弱势群体的姿态出现，受制于人。”

“小农经济方式不仅在销售环节令农民被动，在生产环节也难以适应大工业化的生产要求。”喜旺公司负责人告诉记者，在宜昌，90%以上的奶农已加入养殖协会，他们按照龙头企业的要求，统一饲料、统一防疫，最后以统一价格销售，奶农实际上已成为“标准化养殖车间”的工人，而沙市奶农今年的防疫工作至今未到位，牛奶质量也参差不齐，无法实施标准化控制。

陕西省不久前发生的“粉红女士”事件对小农意识的后果作了注解：陕西省有大面积“粉红女士”苹果种植，可是面对国外大量订单，却无法交出符合标准的苹果。原因是以个体为单位的果农在生产上普遍粗放操作，为图方便把很多工序都暗自省掉了。同时，他们还按自己过去的经验，擅自打农药等。

这样的例子不胜枚举，但殊途同归：最终利益受损的还是农民自己。

为“粗汉子”配上电脑

一位访美学者描述了美国农民的生产情景。

受访的农场主是一个典型的“单干户”，家庭农场基本上由他一人经营。从洒药到施肥，一人胜任。或问：一个人管理这么大的农场，需要全套的现代化设备，哪一件设备最重要？

这位农民回答说，“电脑”。现代化农业使美国农民早就告别了“锄禾日当午，汗滴禾下土”的岁月，像耕地、锄草、播种、收割等体力劳动，全由机器代劳。农夫如同白领，坐在电脑前，上网了解各种农产品和各种生产原料的价格、市场走向、股市及农业投资动态，由此换算出自己的投入和产出、利润率和未来生产战略。同时，他还通过电脑了解农业科技动态，设计改善自己农场的方案，并且和各种销售商、农业组织以及代表自己利益的议员取得联系。简单地说，美国的农夫与其说是个种地的粗汉子，不如说是领导一个中小企业的总裁（CEO）。

我国加入世贸组织以后，分散经营的农民将遭遇这样的竞争对手。这是一场土造鸟枪与隐形飞机间的较量。中国农民只有组织起来，形成合力，千百只小舢板集合在一起，才能抗拒市场大潮的狂风大浪。

专家们认为，随着市场经济改革的深入，当代农民的身份正在发生深刻嬗变，即由传统型农民向现代农民过渡。一方面，他们对“整合”的要求越来越强烈，另一方面，他们的思维方式又还是传统的小农经济方式。因此，各级政府在加强宣传、教育的同时，应从实际出发，关键是要寻找最适合农民的组织合作方式。组织合作的关系可以是紧密型的，也可以是松散型的。

记者发现，部分先行一步的农民已开始进行有益的探索。在松滋市沙道观，农民以土地使用权入股，和金藤葡萄公司组成股份合作制公司，公司负责资金、技术指导、销售，农民只管生产，吸引了上千户农民入股。在外向型农业大省山东，每年都有大量的蔬菜出口日本、韩国。该省农民按季节组织起大葱合作社、丝瓜合作社，旺季时按协议大家统一协作，淡季时则各奔东西，效果非常理想。通过协会运作，去年出口的农产品达 20 多亿元人民币。

（《湖北日报》2002 年 5 月 16 日特别关注版）

面对无序市场的困惑

——荆州市奶农“倒奶事件”解读之四

记者　济东　刘畅　松杰　王溥

“倒奶事件除了让人们深切地感受市场的残酷，还折射出许多令人思考的问题，其中，规范有序的市场环境对企业的发展至关重要。”采访中，不论是奶农还是乳品企业负责人都生出这样的感受。

奶农倒奶，直接原因是力能达公司生产经营不景气，原料需求量减少，但这一结果又是因为荆州奶制品市场太乱、杂牌奶太多造成的。

作为荆州市第一家，也是最大的鲜奶加工企业、荆州鲜奶生产的“领跑者”，力能达公司为什么每况愈下？谈起原因，公司总经理李保民有些激动：“企业的产品必须接受市场检验，优胜劣汰，适者生存，这是市场经济的法则。但是当市场本身不规范、产品和企业不能公平竞争时，这一法则也就失去意义了！”

李保民分析说，力能达公司之所以走下坡路，有荆州城区居民缺乏鲜奶消费习惯的因素，有外地奶制品企业（如宜昌的喜旺公司、武汉的友芝友公司）冲击本地市场等因素，“但这两条我们都不怕，鲜奶消费习惯可以培养，而且这几年已大见成效；与外地企业同台竞争，我们也不怕。我们最怕的是混乱的奶制品市场。可以说，我们是被本地的‘水货’牛奶打败的”。

力能达公司的竞争对手，宜昌喜旺公司副总经理许勇也持同样看法。许勇说，喜旺公司准备将鲜奶打进荆州时，曾经对当地市场做过一个调查，结果表明，荆州城区人均鲜奶消费量仅有宜昌的 1/8，市场潜力很大。当他们的产品进入荆州后，却被充斥大街小巷的假冒伪劣鲜奶打得措手不及。这些“水货奶”大都由个体户或地下作坊生产，由于在生产中偷工减料，以劣充优，逃避税费，因此成本低廉，批发给各早点摊、饮料摊时价格低得令人咋舌。销售这些奶制品利润比正牌货大得多。因此，在城区数以千计的饮食摊点上，正规奶制品反而成了“稀罕货”。在这种情况下，喜旺公司在荆州的销售策略被迫从以市场零售为主转向发展居民区订户为主。

为了证实这一点，记者花了两天时间对荆州城区的鲜奶市场作了一番调查，发现两家企业负责人所言属实。在荆州市工商局，记者了解到，全市登记注册的奶制品企业仅有力能达乳业公司和都来喝乳业公司两家。而记者走访了数十家早点、饮料摊点，基本看不到“力能达”“都来喝”以及外来的“喜旺”“友芝友”等正牌产品，而“天乐鲜牛奶”“华华热牛奶”“蓬村”“天旺”等十几种牌子的奶制品随处可见。它们大多没有标明生产厂家，没有产品质量标识，有的甚至没有生产日期。一位早点摊主说，正规牌子的奶制品确实是好，但每份进价在 8 角钱以上，卖价为 1 元钱左右，赚头不大；而一份“杂牌”奶制品进价只需三四角钱，零卖一元钱，可赚六七毛钱的差价，因此大家都不愿进正牌货，消费者在摊点上也难买到正规厂家生产的优质鲜奶制品。

“黑户”企业和个体小作坊的假冒伪劣产品大行其道，而正规厂家的优质产品却节节败退，与其说是市场竞争带来的结果，不如说是不规范的市场造成的悲哀。

据李保民介绍，去年 9 月，荆州市有关部门曾对市内乳制品市场进行了一次整顿，端掉了城郊 3 家用工业奶粉生产假冒鲜牛奶的窝点，一些根本不具备生产和卫生条件的地下作坊也被取缔，奶制品市场秩序明显好转。力能达公司的生产、销量立竿见影地好转起来：市场整顿前，他们日销售鲜奶不足 4000 份，整顿后，日销量很快翻了一番，高时过万份。但好景不长，春节一过，各家地下作坊又改头换面，重整旗鼓，“雨后春笋”般冒了出来，公司的鲜奶销售很快也退回到整顿前的水平。

“我们开拓了荆州的鲜奶市场，但受益的却是那些地下作坊。”这是让李保民们最感困惑的。在记者采访中，有关部门对此也表示无奈：工商部门的同志说，打击市场上的假冒伪劣奶制品，他们做了不少工作，但市场整顿是个综合性的工程，单靠一个部门难以施展；卫生防疫部门的同志说，他们负责对奶制品卫生、质量状况进行定期监测，发现一起查处一起，但他们管理的范围很广，难以集中力量对付那些地下作坊……

李保民说，对奶制品市场进行整顿、规范，营造一种公平竞争的市场环境，既可以保护奶农和乳制品企业的利益，也有利于倡导健康饮食方式，提高市民生活质量，同时更可以增加就业和税收，可谓有百利而无一害。他呼吁当地政府将此事纳入议事日程，为奶业市场营造一片晴空。

（《湖北日报》2002 年 5 月 17 日特别关注版）

【作品点评】

关于湖北荆州奶农“倒奶事件”的系列报道令人印象深刻。其选题的时效性和趣味性完全符合新闻价值的经典标准。其所报道的问题迫切需要解决，背后是媒体的担当。

1. 从消息到解释性报道

从报道看，该报道的信源是奶农的电话。记者接到电话后到现场观察、采访，写就了一篇消息《沙市奶农见识市场残酷　5 万公斤鲜牛奶倒进农田——谁来助农走“有效供给”之路》。该消息获 2003 年中国新闻奖消息类二等奖。

但消息因为篇幅短小（一千字以内），往往只是报道发生了什么，无法承载更多信息。所以湖北日报的编辑、记者们最终以四篇系列报道的形式来解释为什么会出现“倒奶事件”。

从这个案例可以明显地看出消息与解释性报道之间巨大的差别：不只是篇幅，还有报道的视角。

2. 以市场经济视角解读

四篇报道从事件本身着手，报道牛奶生产中的供给环节（产品对路）、生产环节（小农经济）和销售环节（无序市场）。就市场论市场，让报道有充分的说服力。

四、解释性报道参阅作品

电视 / 视频

1.《权力与金钱之谜》，日本 NHK，片长：49 分钟，播出时间：2014 年 4 月 13 日。

2.《筑牢根基　源头治理》（新疆和田市职业技能教育培训中心的故事），中央电视台《焦点访谈》，片长：15 分钟，播出时间：2018 年 10 月 16 日。

报纸

1. 陈骥，牛凤和 . 渤海二号钻井船翻沉事故说明了什么［N］. 工人日报，1980-07-22（1）.

2. 张建伟 . 命运备忘录——38 名工商管理硕士（MBA）的境遇剖析［N］. 中国青年报，1987-12-02（1）.

3. 詹国枢，庹震，刘海法.（河南）开封缘何不“开封”（系列报道）[N][①]. 经济日报，1994-02-01（3）.

4. 雷磊，张文宇，周楠.“不作弊，不公平” 一个高考“强”县的养成——湖北钟祥集体围攻监考人员调查[N]. 南方周末，2013-06-20（1）.

5. 李慕琰，陈亚杰. 语言在不断变化，发音为什么要有标准？——“不折腾”的审音 无休止的争议[N]. 南方周末，2019-02-28（C17）.

杂志

1. 陈晓，丘濂，等. 郭美美戳破了什么：红十字会危机与艰难的信用重建（封面故事）[J]. 三联生活周刊，2011（28）：38-65.

2. 郭婷冰，穿透安邦魔术（封面故事）[J]. 财新周刊，2017（17）：30-40.

3. 李想俣，等. 新冠病毒：我们要付出多少代价（封面故事）[J]. 中国新闻周刊，2020（4）：12-61.

4. 高昱，等. 新冠病毒何以至此（封面故事）[J]. 财新周刊，2020（4）：30-58.

新闻奖项作品

普利策新闻奖解释性报道奖获奖篇目[EB/OL].（2021-12-30）[2022-03-01]. https：//www.pulitzer.org/prize-winners-by-category/207.

五、本章思考题

1. 解释性报道与分析性报道有何异同？
2. 解释性报道有何功用？
3. 怎样写好解释性报道？

---

① 系列报道包括：《开封何时能“开封”》（1994 年 2 月 28 日）、《开封人盼“开封”》（1994 年 3 月 1 日）、《开封市委书记、市长致信本报欢迎大家为开封“会诊”》（1994 年 3 月 2 日）以及《开封缘何不“开封”》。另配发了评论《先找症结再开良方》（1994 年 3 月 4 日）。

六、实战演练

以下为某大学新闻学专业学生写的两篇解释性报道作品，请根据所学指出其存在的问题。如果由你来写相关议题，你会怎么写？（列出标题、开篇及结构设想）

《寄生虫》为什么获得奥斯卡多项大奖?

美国电影艺术与科学学院奖，别称奥斯卡奖，创办于1929年。该奖项是美国历史最悠久、最具权威性和专业性的电影类奖项，同时也是在世界范围内最具有影响力的电影类奖项。荣获奥斯卡奖项的影片大多带有鲜明的特点，也常常成为一部好影片的标志。

2019年，在第92届奥斯卡金像奖中，《寄生虫》获得最佳导演奖、最佳原创剧本奖、最佳国际影片奖，并且创造历史成为第一部获得最佳影片奖的非英语片。一部亚洲电影获得该奖项实属不易，在激烈的电影市场中，《寄生虫》为什么能够站在电影世界的顶峰?

电影名为“寄生虫”，在生物学领域，寄生虫的特征为其附着于宿主或寄主体内或体外以获取维持其生存、发育或者繁殖所需的营养或者庇护。许多小动物以寄生的方式生存，依附在比它们更大的动物身上。这直接影射了富人家中工作的众人。

但是富人阶层在社会整体中是少数群体，而富人对社会资源的吸取是巨大的，所以到底谁才是真正的寄生虫?

一、用时代之眼描绘的影片

影片讲述住在半地下室的一家四口，借着偶然的机会从无业游民变成在富人家工作的老师、司机、保姆。在影片中，贫富是最鲜明的对照，基于贫富，角色也分成了两个阵营。

穷困的阵营：父亲基泽、母亲忠淑、儿子基宇、女儿基婷。前任管家雯光、管家丈夫。富裕的阵营：豪宅男主人朴先生、女主人朴太太、女儿多蕙、儿子多颂。

“最具个性的，就是最具创新性的”，韩国影片《寄生虫》在奥斯卡获得四项大奖后，导演奉俊昊上台领奖时表示，自己从学习电影起就一直将这句话牢记在心。《寄生虫》是一部好电影，好在它的特殊性、深刻性、现实性、戏剧性。

（一）不断深化的现实环境

阶级问题中的贫富差距问题是该片的核心，同时也是人类历史无法避免的问题，社会阶层在发展进程中形成了高楼，每个阶层都有向上的楼梯，而随着社会的发展、物质的不断丰富，这一向上的通道便越发狭窄。当下韩国，贫富差距巨大，并且呈拉大趋势，富人与穷人之间的通道也越发狭窄。恩格尔系数是国际通用的衡量一个家庭或者一个国家富裕程度的主要指标之一。按照联合国粮农组织提出的标准，恩格尔系数在59%以上为贫困，30%至40%为富裕，低于30%属于最富裕行列。从2000年开始，韩国恩格尔系数逐年下降，到2007年已经降到了11.8%。按照这一指标，韩国明显已经走在了世界前列。然而，近几年情况发生了变化。2017年，韩国恩格尔系数反弹到了13.8%。与此同时，韩国基尼系数在不断升高。按韩国人均总收入计算，2015年至2017年的基尼系数分别为0.396、0.402、0.406，逐年升高。通常来讲，基尼系数0.4是收入分配差距的警戒线，超过这条警戒线，意味着贫富差距较大，容易引发社会问题。通过数据可以看出，韩国仍是一个富裕的国家，但是对于全体国民来说，贫富之间的距离不断拉大，在资本主义制度下，对于个体来说，拥有更多的财富，意味着在社会中享有更多的资源，如住房、教育、医疗等。而富人对社会资源的垄断会进一步压缩穷人的向上空间。而这一变化在《寄生虫》中得到了深刻而又具体的呈现。如基宇一家蹭周边的无线网，在政府免费的杀虫喷雾里被呛得死去活来，由于晚饭过于简陋不敢承认是在吃饭，由于住在地下室一家人都带着特殊的味道，而在豪宅里的人则完全不同。

（二）同情与批判兼具的叙事

《寄生虫》中，一家人依靠着“幸运的山水石”，凭借着谎言试图成为“别人”。基宇先后考了四次大学都没有成功，基婷很简单就能制作出高度仿真的大学在校证明，还能设计出很高级的名片，并且也有着很好的记忆力和头脑。父亲基泽也有着非常熟练的驾驶技术，而母亲忠淑曾经获得过全国链球锦标赛的银牌，在不知道炸酱乌冬面怎么做的情况下，用八分钟的时间做出来。在影片中，有很多的细节反映出了一家人虽然贫困，但是仍有一技之长，并非无用之人，但是缺少的是机会和通道。影片前部分的基调是诙谐的，从前任管家雯光雨天回地下室找丈夫开始，剧情开始让人毛骨悚然，诡异的电影背景音乐和灰暗的地下室画面，一种残酷与震撼使得影片向着另一个方向展开。影片本可以将叙事的重心放在“识破”与“伪装”之间，但是在一家人和前任管家互相识破后，影片的重心放在了底层人之间的冲突、杀戮。在富人家的房子中，众人如“蟑螂”般逃窜，应了之前忠淑的话，“开了灯，蟑螂就要躲起来”。这透露着底层的无奈，除了互相杀戮，没有太多的选择。影片反映出了创作者对底层民众生活的同情，但也对底层民众毫不留情地进行批判。雯光的丈夫到死都在感激朴社长，因为对于他来说，朴社长就是他的宿主。

影片中也充斥着大量的讽刺，如朴太太对美国货、进口货的钟情，朴社长的进口豪车，都讽刺了韩国对爱国推崇的假象；也具有众多强烈的对比，如暴雨天里，富人的孩子还可以在庭院搭起帐篷，住在半地下室的人却都无家可归；在影片中，隐喻性的事物也发挥着重要的作用，如“山水石”“气味”等。影片试图从多方面的细节抓住阶级之间的矛盾。这种艺术性的手法又将影片从现实中拉向文学的讽刺世界。

最后基宇的信看似是一种光明，却透露着看不见的黑暗深渊，隐性地表达了底层人想要重获光明的唯一出路仍是要走上上层社会的路。这正对应着现实世界社会阶层的固化，底层人的无奈和挣扎。

《寄生虫》直面了韩国当下的发展问题，是一种血淋淋的直观展示，并且贫富差距与社会阶层固化，也是超出韩国本土的世界性问题。在印尼雅加达，有上百万人住在地下室、桥洞下，在印度、中东、非洲，在世界范围里，贫富差距都是人类生存的现实写照。

《寄生虫》是对韩国社会的批判，其提供了一种韩国的“叙事”，如同巴西电影《中央车站》《上帝之城》一样。这些影片也是一个国家对于自身的深度的批判与反思，但同样击中了时代的痛点，从而变成了世界性的“叙事”。在这一层面上，《寄生虫》具备了源于现实、作用于世界范围的宏大背景，具有普适性。这也成为影片在国际领域胜利的因素之一。

二、时代铺垫的电影路

（一）历史留下的机遇

韩国的电影产业曾受资金不足、缺乏创新、剧情单调等因素的影响，在一段时期内处于停滞状态。韩国电影振兴于金大中时代，1988 年亚洲金融危机爆发，韩国遭受重创。金大中在竞选期间出席釜山国际电影节，向韩国电影人做出重要承诺。金大中次年成功当选总统后，以“资源有限、创意无限”为口号，采取一系列改革措施挽救韩国经济，这就包括制定《韩国电影振兴法》。

2019 年奥斯卡颁奖典礼上，《寄生虫》的导演奉俊昊发表获奖感言时特别邀请了该片制片人李美静上台。

（二）把握风帆的制片人

李美静是韩国希杰娱乐集团的掌门人，同时她还是三星集团创始人李秉喆的长孙女，她立志向世界推广韩国文化，金大中时实行的振兴韩国电影政策给李美静和希杰娱乐带来了发展的机遇。1995 年，在她主导下，希杰集团成立了娱乐部。20 世纪90年代，亚洲资本大量进入好莱坞，导演斯皮尔伯格曾主动联系三星集团，希望与其合作成立电影公司。在李美静的努力下，希杰娱乐与斯皮尔伯格共同成立了梦工厂，李美静因此成为梦工厂的联合创始人，从此将业务重点从发展本土娱乐业转向对电影输出进行战略投资。为给《寄生虫》打开美国市场，希杰娱乐在美国砸下800多万美元的公关费。影片的美国代理发行商霓虹公司安排奉俊昊导演不断接受媒体访谈。可以说没有李美静就没有《寄生虫》。在时代的锁链上，李美静对《寄生虫》的成功起到了关键作用。即使《寄生虫》仍会出现，但是在电影对外传播力量薄弱的环境下，在文化输出没有实力的境遇里，《寄生虫》是否能够像当下这样成功需要画上一个问号。

（三）个性发扬的导演

1993年，毕业于延世大学社会学专业的奉俊昊，继续进入韩国电影学院学习。当时以“类型大片”为标志的好莱坞电影，占据着韩国70%左右的电影市场份额。抗衡好莱坞电影的入侵，成了韩国电影发展的生存策略。奉俊昊的发展路径沿着韩国电影复兴的历程，在激烈的竞争下，借用好莱坞在全球电影市场中类型叙事的资源，逐渐形成了成熟强大的叙事风格。奉俊昊的电影的个性是将社会议题进行艺术化的转化，并将对社会的严肃思考转入类型创作。奉俊昊的“个性”，在电影作为大众文化的部分，以及作为媒介进入现实、参与现实之间，实现了现实与艺术之间的平衡。

韩国总统文在寅夫妇在青瓦台亲自为《寄生虫》剧组举办庆功宴，称赞这部片子为实现韩国电影的跨文化交流做出了杰出贡献，承诺韩国政府将进一步加大对电影产业的支持力度，提供更好的创作环境。文在寅也在社交媒体上为影片发表了贺词：“《寄生虫》以最独特的韩国故事打动全世界观众，向世界证明了它的力量。”在具有明显的北美视角和语境下的奥斯卡获得多项大奖，这足以显示出韩国电影的强大力量。

《寄生虫》的意义会是深远而广泛的，既在于对社会的反思和发展的考量，也在于对电影产业的巨大影响，它的里程碑意义足够影响亚洲电影的发展方向，对亚洲文化争取更多国际语境、建构话语权、加强文化对抗具有重要的意义。

北京房价为什么那么贵？

时下的中国，房价永远是一个老生常谈的话题，每个人对于“房价”都有自己的想法。北京的房子更是很多人可望而不可即的，在过去的几年里，国家虽然对北京的房价进行了调控，但房价依然是高歌猛进。在北京买房的限制越来越多，面对北京房价不断上涨，北京楼市颁布了新的调控措施，例如：对已拥有2套房以及以上住房的北京户籍居民家庭、拥有1套及以上住房的非北京户籍居民家庭，对无法提供北京市有效暂住证和连续5年（含）以上在北京市缴纳社会保险或个人所得税缴纳证明的非北京户籍居民家庭，暂停在本市向其售房。面对北京离谱的房价，出台这样的限购政策也是不得已而为之，而且也肯定会有成效，但是“必须连续纳税5年”这条对年轻的北漂族无疑是下了逐客令。有网友称：“为了北京的一套学区房，都快搭上了自己的一条命。”还有的网友称：“在北京年收入100万只是一个刚刚脱贫的水平，更别提买房了。”

习近平总书记在中央财经领导小组第十五次会议上说：“房子是用来住的，不是用来炒的。”在经过一系列的调控政策后，2017年以后北京房产交易量整体呈现明显下滑趋势，虽然没有上涨，但是北京的房价不是一般家庭承受得起的，北京的房价为什么那么贵，面对北京的高房价，为什么还有那么多人想要定居北京？

一、北京房价趋势

1998年中国开始实行房改，2000年之后中国房地产迎来了所谓的“黄金十年”，在短短的十年之中，北京的房价从开始的最高几千元一平方米的价格飙升到两万一平方米的价格，房价的高速增长并没有给老百姓带来福利，相反催生了一大批炒房客，导致房价越炒越高。

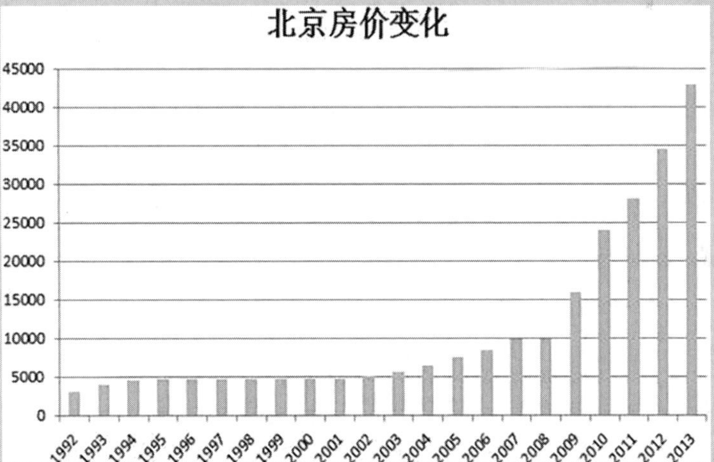

（图片来源于齐家网）

可以从数据看到，2000年之前，北京房价并没有太大的起伏，甚至有下降的现象，从2000年到2008年，北京房价开始不断上涨，2008年受到金融危机的影响，北京的房价下降了，但是后来开始慢慢回涨，从 2009 年开始北京房价每年不断飙升，开始进入了新的高潮，北京有些地方的房价成倍增长。例如，位于通州梨园附近的楼盘加州小镇，2009 年初的价格仅为每平方米 7000 元左右，同区域的世纪星城，当时的价格也仅为每平方米 8000 元左右。但是到了 2010 年 4 月份，DBC 加州小镇均价已上涨至 20000 元左右，而世纪星城成交均价更是飙升至每平方米 25000 元左右，在短短一年的时间里，一些地方的房价已经上涨了一倍。

根据北京房地产交易管理网统计数据显示：2010 年 4 月，也就是北京商品房最为高涨的月份，当月北京的商品房成交价格已经达到每平方米 23120 元，相比 2009 年同期上涨了 96.6%，二手房的价格也已经达到了历史最高点，二手房单套价格超过每平方米 15200 元，同比 2009 年同期上涨了 66.8%。

北京房价持续只增不减的状况下，催生了大量的炒房者，导致北京房价越来越高，近几年，北京楼市做出了调整，缓解了这样的现象，但是北京房价还是让很多人望而却步。

二、北京房价贵的原因

1. 中国人喜欢买房

中国人喜欢添置那些有形的、看见的财产，自古以来，中国人有钱了。首先要做的就是购买土地，成为地主，到了现代，土地不是那么容易购买了，土地增值效应很多时候也并不明显，于是大多数中国人喜欢买房，只有购置更多的房才可以给他们更多的安全感，房子不仅使人类在物质上得到满足，更是人类可以享受生命美好，拥有一个精神家园的重要条件，套用一句温家宝总理的话：拥有住房是让中国人可以有尊严地生活的一个必要条件，所以有些人一辈子都成了房奴。在财富的使用和增值过程中，不动财产始终受到人们的青睐，拥有一套属于自己的房子，对于大众来说已经成为生活稳定、富足的象征，没有房的人想买房，有房的人想多买房，尤其是在一线城市，有的人有能力买房，就会买房然后租出去，每月的租金足以让买房人支付掉一半的每月按揭，越多人想买房，房价就被炒得越高，不仅仅是北京房价上涨，其他一线城市甚至二三线城市的房价都在持续增长。

2. 北京人口密度越来越大，供不应求

在中国的住房市场上，北京是一座特殊的城市，这种特殊表现在一方面是房价不断地高涨，另一方面是这种高涨的确难以结局。像北京这样的一线城市，每年净增加人口在 60 万人以上，在有限的土地上，每年都会有外来人口，所以造成了供不应求的局面。根据 2016 年发布的北京“十二五”统计公报数据显示，2015 年末全市常住人口 2170.5 万人。其中，常住外来人口 822.6 万人，占常住人口的比重为

37.9%，北京市城镇居民人均住房面积为 31.69 平方米。截至 2016 年底，北京常住人口 2172.9 万人，继续呈增长态势，住宅累计竣工面积 1763.6 万平方米，同比增长 –7.2%。也就是说在北京这样一个寸土寸金的地方，人口越来越密集、大量外地人涌入，住房面积如此紧张，而住宅面积有限，甚至不增反降，就导致供给和需求的差距进一步拉大，在供不应求的情况下，北京房价自然就被推高了。

很多人来到北京后就不想离开了，2010 年初的一段时间里曾经有众多媒体推波助澜，渲染所谓的白领正在逃离一线城市进入二线城市。在那些报道中，无一例外都强调了城市的高房价造成白领生活的水平下降，因此白领人群正在被迫逃离这些一线城市。但其实不然，让民众生活或工作地点发生转移的原因通常不是房价，而是工作的机会，以及这些工作机会的收入多寡。在北京，工作的机会不但没有减少，反而在持续大量增加，比如，国际上的大型跨国公司越来越重视中国市场，正在更大地扩张他们在中国的各分支机构，而这些跨国公司几乎在北京都设有分支机构。面对这些有很大提升空间的机会，人们不会轻易地离开北京，北京本身就土地资源稀缺，随着人口密度越来越大，北京成为一个寸土寸金的地方。

3. 北京——黄金圣地

提到北京，很多人会把它和“先进”“发达”“富有”等一些等同优质的词联系起来，的确，无论是经济、教育、医疗等等都拥有中国最优质的资源。以大学为例，全国 39 所“985”高校中，北京有 8 所；112 所“211”高校中，北京有 26 所。这些高校大量集中在海淀区，这也是北京海淀区房价居高不下的原因之一。其他省的考生考取北京高校的分数一般都高于其他省市高校的分数，有些家长想让孩子考取北京的学校，让他们接触更多的资源和机会。

除了教育资源，北京的医疗条件也非常发达。据北京市卫计委主任方来英介绍，截至 2015 年底，北京医疗卫生机构达到 10425 家，比 2010 年增长 9.4%；在 2016 年全国“两会”北京团开放日上，背景副市长李士祥表示“每天来北京就医的外地人达到 13 万次”。北京的优质医疗资源也引入了流动人口。

4. 人民币升值和通货膨胀

人民币的升值造成企业利润和竞争力下降，也促使这些企业把手头的资金投向利润更高的行业，房地产业显然是不二选择，2015 年 6 月我国股市出现危机，股市大跌，于是更多的人把投资方向转向了房地产，这就在一定的程度上导致了 2016 年房价暴涨的情况，大量资金涌入房地产业导致的结果便是地价房价被推高。

通货膨胀使建筑材料价格上涨，人工成本、机械使用费上涨，这些都是导致房价高涨的因素，更重要的是，基于对人民币升值预期的判断，国外的热钱从各个渠道涌入我国，大肆购买我们的固定资产，从而直接推动房价上涨。

5. 炒房团的“助力”

北京在颁布限购令之后，一些炒房团开始钻空子，因为限购令中并没有提到住宅平房，北京住宅平房大量集中于东城、西城这样的市中心，虽然单间面积较小但是周围有优质的教育资源，一些投机者通过购买平房炒房，导致房价大涨，扰乱市场秩序。中国充斥了太多“精明”的炒房客，他们在中国楼市推波助澜，将房价不断往上推，使房价已经到了高不可攀的地步。

三、北京楼市的回降

高房价成为中国经济的绊脚石，同时也会引起一系列的社会矛盾，高房价不但会对一个地区的经济造成影响，还会对整个社会的发展造成危害。随着大量的资金涌入房地产市场，那些更需要资金的行业面临无钱可用的尴尬，对于那些需要买房的购房者来说，高房价成为家庭的消费压力。近两年来，北京出台了一系列的楼市调整政策，让北京房价回降。

（写作时间为 2018 年 4 月）

Chapter 2

第二章　调查性报道

►**本章要点**

调查性报道是新闻报道的王者，但并非有调查的报道就是调查性报道。

调查性报道聚焦丑闻，目的是推动社会进步，保障公民合法权利。

调查性报道写作的关键：铁证意识。

调查性报道写作的风格：零度写作。

如果说解释性报道是在解释这个世界，那么，调查性报道致力于改造 / 改变这个世界，让这个世界更美好。

——题记

美国普利策新闻奖调查性报道奖（Investigative Reporting Award）设立于 1985 年。奖项设立虽晚，但调查性报道这一类型风行美国新闻界却已达百余年之久了①。

作为舶来品，调查性报道可以说是新闻报道中的王者——也就是说，它是最难的一种。但是，它被引入中国后，学界和业界乱用与误用的现象却很常见。

一、“调查性报道”：概念与特征②

新闻学专业是实践性很强的专业，教学工作与新闻实践是相互促进的关系：教学工作在对新闻实践的规律进行梳理的基础上，以培养新闻人才为目标，推动新闻实践向前发展；新闻实践除了提供源源不断的教学素材，也对教学工作提出了新的要求。

作为中国大陆新闻报道的国家级最高奖，中国新闻奖的奖项设置、获奖作品可以说对教学工作有很大的作用：一方面，其奖项设置有助于推动教学的规范化；另一方面，获奖作品对后学者有很好的示范效应。

（一）中国新闻奖曾设调查性报道奖

调查性报道本是舶来品，因其采写难度高，传播影响力巨大，可以说是新闻报道中的明珠。长期以来，中国新闻奖往往在报纸类中设消息和通讯类奖项，并没有调查性报道奖项。

2012 年第二十二届中国新闻奖评选时，评委会开始将“通讯类”奖项的说明细化为“用深度报道、解释性报道、调查性报道、新闻特写、新闻综述等表现手法对新闻人物、事件等进行深入报道的新闻作品”。2014 年，第二十四届中国新闻奖的一等奖作品中才出现了“调查性报道”作品，与其他报纸消息、通讯并列。2019 年，该奖项不再单列，归入“文字通讯与深度报道”类。

---

① 李普曼，等 . 新闻与正义Ⅲ：14 项普利策新闻奖获奖作品全译本（修订版）[M]. 展江，等译 . 北京：中国人民大学出版社，2009：225.

② 张玉洪 . 为“调查性报道”正名 [J]. 青年记者，2015（19）：39-40.

表 2-1　中国新闻奖调查性报道奖获奖篇目（2014—2019）[①]

整理：张玉洪

年度	获奖篇目	获奖等级	发布机构	备注
2014	五问县级公立医院改革——睢宁县改革试点的考察报告	一等奖	徐州日报社	实为工作通讯
2015	1. 儒学下乡，唤醒乡村文化基因——从乡村儒学现象看当代知识分子的社会担当 2. 神秘的阿斯顿·马丁供应链	二等奖	1. 大众日报社 2. 人民日报社	1 实为社会观察通讯
2016	1. 北京通州：行政副中心如何"治病救城"？ 2. 便民银行开到村民家门口——本市打通农村金融服务"最后一公里"调查	二等奖	1. 中国国土资源报社 2. 天津日报社	1 实为解释性报道 2 实为工作通讯
	1."直过民族"过得好吗？ 2. 牺牲	三等奖	1. 新华社 2. 中国青年报社	1 实为概貌通讯 2 实为特稿
2017	1. 大学女教师患癌被开除事件调查 2. 拿什么拯救你，一"号"难求 3. 三十年回望塔元庄 4. 产粮大省何以出现"买粮难" 5. 一纸推广证 几多"生意经"	二等奖	1. 中国青年报社 2. 经济参考报社 3. 光明日报社 4. 新华社 5. 新华日报社	2 和 4 实为解释性报道 3 实为概貌通讯
	1. 高校科研经费管理乱象调查 2. 让正义不再迟到	三等奖	1. 法制日报社 2. 人民法院报社	1 实为工作通讯 2 实为新闻述评
2018	甘肃祁连山：问责风暴下的生态突围	一等奖	中国国土资源报社	实为工作通讯
	1. 54 年，老兵回家路 2. 这 28 项治疗我都没做过	二等奖	1. 南方周末报社 2. 中国消费者报社	1 实为特稿
2019	1. 一幢楼和一个县——追寻 40 年间桓仁主政者的工作轨迹 2. 一个小山村的昨天今天和明天——靖安县高湖镇古楠村探索乡村振兴之路的启示 3. 滴水穿石三十年——福建宁德脱贫纪事 4. 修复河床何以变成大肆采砂——关于河南鲁山县沙河、荡泽河清障疏浚工程的调查	二等奖	1. 辽宁日报社 2. 江西日报社 3. 光明日报社 4. 人民日报社	1 实为工作通讯 2 和 3 实为概貌通讯
	1."时光切片"见证一个家庭 40 年巨变 2."这里，每一块礁石都代表国家"——走进中国最南端城市三沙市	三等奖	1. 定西日报社 2. 参考消息报社	1 和 2 实为概貌通讯

从 2014 年到 2019 年，中国新闻奖一共评出 23 篇调查性报道，但居然高达 18 篇作品并非调查性报道（如表 2-1）。在历年的评选中，很多评委将工作通讯、概貌通讯、社会观察通讯、解释性报道或新闻特稿列为调查性报道。

我们有必要对上面提及的几种新闻体裁进行简单介绍：

1. 工作通讯是以记"工作"为主，反映不同领域、各行各业工作中的新情况、

① 报道文本来源：中国记协网，2019 年 11 月 20 日，http：//www.zgjx.cn/news/index.htm?page=zgxwj_ljhjzp。

新办法、新经验、新矛盾、新问题或者新趋势的通讯。

2. 概貌通讯（风貌通讯或旅行通讯）是以采访者旅行见闻的视角反映社会变化和风土人情的通讯。

3. 社会观察通讯是一种新兴的通讯类型。它是报道社会现象、剖析社会问题的通讯类型。与传统的人物、事件、工作、风貌通讯不同，社会观察通讯并非着眼于社会上的某一个别人物、个别事件，或者某一方面工作中的经验教训、某个地方的风光风貌，而是在上述各类通讯的报道范围之外，用广角镜头透视大千世界、人生百态，反映社会生活中值得注意的新变化、新问题、新观念。①

举例来说，2014 年，《徐州日报》选送的《五问县级公立医院改革——睢宁县改革试点的考察报告》（作者为何桂香、曲美慧，编辑为陈开泉、刘明）是中国新闻奖“调查性报道”奖项唯一的获奖作品，且是一等奖。《徐州日报》在其“中国新闻奖参评作品推荐表”中，对这篇 3,160 字的报道是这样评价的：“报道以问题为导向，以数据为论据，让事实说话，让当事人说话，较好地履行了报道者的职责。同时，该报道也敢于直面试点中存在的问题，不回避，不护短，体现了实事求是的原则。作为调查性报道，该报道在反映主流意见的同时较好地掌握了平衡报道的原则，可作为地市报调查性报道的楷模。”后其又在“采编过程”中提及，“这种结论形成于调查研究之后的采访方法值得推崇”。实际上，整个报道不过是对公立医院改革后的五个关键问题进行设问（老百姓看病便宜了吗？门急诊人次为何少了？住院患者为何猛增？医护人员积极性高了吗？医院的收入少了吗？），通过随机采访患者，并采访医院、卫生局等相关方面，得出了答案。从内容上看，它是对一项新政策执行效果的探访，所以应归为工作通讯。

2015 年的第二十五届中国新闻奖评选中，《大众日报》于 2014 年 9 月 11 日刊登的《儒学下乡，唤醒乡村文化基因——从乡村儒学现象看当代知识分子的社会担当》（作者为李海燕等）获调查性报道二等奖。该报道讲述了一些知识分子走出书斋，来到泗水、茌平、青州等地的农村，给刚从地里干活回来的老少爷们儿、抱着儿孙的媳妇大娘们说孝道、讲伦理、解《弟子规》……细读报道，我们才知道这是新农村建设中的一种新风尚，所以应归为社会观察通讯。

2016 年的第二十六届中国新闻奖评选中，《中国国土资源报》刊发的《北京通州：行政副中心如何“治病救城”？》和《天津日报》刊发的《便民银行开到村民家门口——本市打通农村金融服务“最后一公里”调查》同获二等奖，体裁界定为

① 刘明华，徐泓，张征．新闻写作教程［M］．北京：中国人民大学出版社，2002：445，462，476.

“调查性报道”。细读报道，我们就能看出，前者为解释性报道，后者为工作通讯。

一些报道并非“调查性报道”，却获得了这类奖项，容易给初学者甚至整个业界造成误导。再看有些作品的推荐表中所介绍的情况，仿佛给人以“有调查就是‘调查性报道’”的印象。一个例证是，有业者就曾总结《人民日报》“微调查”栏目经验，认为1,300字内的“调查性报道”“微”在篇幅、角度，其“大”在传播力、影响力，力求以小见大、以小博大。[①] 这些所谓的“调查性报道”其实多为工作通讯。

（二）有调查就是“调查性报道”吗?

那么，问题就来了，新闻报道中有调查，就是“调查性报道”吗？众所周知，新闻采访本就是一种调查方式。也就是说，很多新闻报道里都要用调查的方式。

我们先来探究“调查性报道”的定义：

1. 深度报道（in-depth reporting）是通过广泛的调研和采访得到一个比基本新闻报道更加详细、更有深度的新闻报道。揭露机构或个人丑行的调查性报道是深度报道的典型例子。[②]

2. 调查性报道，又称揭丑性报道。它专门用来揭露政府机构的丑闻、企业的罪恶勾当、黑社会势力的内幕及社会团体的阴暗面等。常以系列报道的形式陆续发表。[③]

3. 调查性报道是较为系统、深入地揭露政府、公共机构及社会中存在的其他问题，并以寻求解决方法为主旨的新闻报道形式。它利用长时间积累起来的足够的消息来源和文件，向公众提供对某一事件，尤其是关系到影响公共利益的不正当行径的强有力的解释。[④]

4. 调查性报道是一种较为系统地以揭露为主旨的报道形式。它是西方新闻学学术用语，中国类似的提法是“批评性报道”。[⑤]

5. 联合国教科文组织（UNESCO）在一本手册里对调查性报道的定义如下：“调查性报道旨在曝光不为人知的重大社会问题，这些社会问题或被有权势的人物刻意隐藏，或被淹没在错综复杂的背景和事实之中，显得模糊不清；因此，做调查性报

---

① 李仕权 . 人民日报“微调查”：用 1300 字讲好调查性报道［J］. 中国记者，2017（5）：122-124.

② 伊图尔，安德森 . 当代媒体新闻写作与报道［M］. 贾陆依，华建昌，译 . 北京：中国人民大学出版社，2006：426-427.

③ 王蕾 . 外国优秀新闻作品评析［M］. 北京：中国广播电视出版社，2000：14.

④ 周海燕 . 调查性报道采访与写作［M］. 北京：新华出版社，2003：1.

⑤ 甘惜分 . 新闻学大辞典［M］. 郑州：河南人民出版社，1993：153.

道既要挖掘隐秘的信息，也要利用公开的资料。”[①]

从以上几种概念界定我们可看出，调查性报道特征非常明显。正如前面调查记者王克勤指出的那样，它是职业新闻记者揭露某些人或某些组织故意掩盖、损害公众利益或公民权利行为内幕的深度报道，又被称为揭黑报道、揭发报道、揭丑报道、扒粪报道。其核心特征有三：一是捍卫公众利益或公民权利，二是揭露黑幕，三是记者独立调查。缺少其中的任何一条都不能被称为调查性报道。[②]

那么，有没有将调查性消息、调查报告称为调查性报道的？有研究者仅发现了两个案例：

1. 学者孙世恺曾发表论文认为，中国的调查性报道并非以“揭露问题为主旨”的报道形式，而是记者对新闻事件、新闻人物或热点问题调查后写出的具有一定权威性的报道。其对所报道的事实“为什么发生”或“怎么回事”及其“真实可靠的程度”等，用活生生的事实和可靠的数字，向读者进行必要的回答，以增强新闻报道的力度和深度。[③]

2. 邱沛篁等主编的《新闻传播百科全书》则提出，“调查性新闻是以新闻传播媒介为主体，记者为主要调查人员，通过较一般采访更加有针对性、专门性、专题性、系统性的调查研究活动产生的新闻”[④]。

有研究者对这样的定义并不认同，认为它虽然为媒体的实际操作提供了很有价值的参考，但不足之处在于过于泛化调查性报道，使其失去了自己的“形象识别标志”。这种个性是它之所以成为它的根据，如果一种新闻体裁或者报道方式失去了“形象识别标志”，那么它就随之消失了。[⑤]

西方学界还有一种观点，其认为调查性报道是利用长期积累起来的足够的事实和文件，针对事情的意义向群众提供一种强有力的说明[⑥]。一位中国研究者认为，中国的调查性报道还没有发展到西方的揭丑阶段，而是有着重揭露的，也有集中调研的[⑦]。这两种认定实际上过于宽泛。

笔者认为，不应将一个广受认可的概念泛化，同样，也不应将一些应用文体裁

① HUNTER M L，HANSON N. Story-based inquiry：a manual for investigative journalists［M］.Paris：UNESCO Publishing，2011：8.

② 王克勤 . 调查性报道基本问题梳理［M］. 北京：中国检察出版社，2011.

③ 孙世恺 . 谈调查性报道（上）［J］. 新闻与写作，1996（5）：10–11.

④ 邱沛篁，吴信训，向纯武，等 . 新闻传播百科全书［M］. 成都：四川人民出版社，1998：175.

⑤ 段勃 . 调查性报道概论［M］. 北京：新华出版社，2010：9.

⑥ 埃德温·埃默里，迈克尔·埃默里 . 美国新闻史［M］. 苏金琥，张黎，等译 . 北京：新华出版社，1982：493.

⑦ 欧阳明 . 深度报道写作原理［M］. 2 版 . 武汉：武汉大学出版社，2006：261.

（如调查报告）归入新闻体裁，这不但不利于教学，也不利于实践活动的开展。

（三）为何要为“调查性报道”正名？

19 世纪下半叶，美国资本主义从自由竞争走向了垄断。一百来个经济巨头控制了美国的经济命脉，无视员工的利益，奉行所谓“只要我能发财，让公众利益见鬼去吧”的经营哲学，引起了社会公众舆论的强烈不满和抨击。因而，出现了 2,000 多篇揭露实业界丑闻的文章，形成了近代美国新闻史上著名的“扒粪运动”（又名“揭丑运动”）。之所以叫扒粪运动，是因为美国总统西奥多·罗斯福曾把当时从事揭露新闻写作的记者们挖苦为“扒粪男子”。然而，记者们却把它接受下来，自称“黑幕揭发者”（muckraker，直译为扒粪的人）。

黑幕揭发时代是从麦克卢尔所办的同名杂志在 1902 年底发表的三组重要的系列文章开始的。该杂志集结了斯蒂芬斯和塔贝尔等优秀调查记者。斯蒂芬斯连续在《麦克卢尔》杂志发表文章揭露美国圣路易斯、明尼阿波利斯、芝加哥等城市政府官员的腐败丑行，引起了强烈的社会轰动。塔贝尔则揭露了美孚公司的商业伎俩。[1]

回溯美国新闻史，20 世纪六七十年代是美国调查性报道的黄金时代。挖掘五角大楼、中央情报局、联邦调查局、卡车司机工会、犯罪集团和腐败政客活动的是调查性报道记者。在西摩·赫什（Seymour Hersh）揭露了越南美莱屠杀的真相并及时加入《纽约时报》以调查中央情报局的问题后，“调查性”一词变得极为流行。《洛杉矶时报》的杰克·纳尔逊（Jack Nelson）帮助消除了联邦调查局局长 J. 埃德加·胡佛（J.Edgar Hoover）的神话，《华盛顿邮报》的鲍勃·伍德沃德（Bob Woodward）和卡尔·伯恩斯坦（Carl Bermnstein）在水门事件期间成为全国的英雄。但是，基于本身的性质，真正的调查性报道只能由那些资本最雄厚、影响最大的媒体来进行，而它们很少接受这一挑战。然而，调查性新闻报道并非始于 20 世纪 60 年代。它是从未真正消亡的黑幕揭发传统的延续。[2]

1985 年，普利策新闻奖设立了调查性报道奖。回顾历史，1917 年，普利策新闻奖首次颁奖，那时分为“报道”和“社论”两种。表面上看，普利策新闻奖对调查性报道过于怠慢了。其实不然，公共服务奖（Public Service Award）从 1918 年就开始颁奖，其中不少作品都是调查性报道。比如 1921 年 *The Boston Post* 获奖的

---

① 迈克尔·埃默里，埃德温·埃默里．美国新闻史：大众传播媒介解释史［M］．8 版．展江，殷文，主译．北京：新华出版社，2001：259.

② 迈克尔·埃默里，埃德温·埃默里．美国新闻史：大众传播媒介解释史［M］．8 版．展江、殷文，主译．北京：新华出版社，2001：494–495.

系列报道揭露了骗子查尔斯·庞兹（Charles Ponzi，“庞氏骗局”的始祖）的运作内幕致使其被捕。1922 年和 1923 年的获奖作品虽然来自不同的媒体，却有同样的主题：揭露美国 3K 党（Ku Klux Klan，美国南部的白人秘密组织，利用暴力反对社会变革和黑人的平等权利）的罪行。通过揭露社会的阴暗面，从而让社会更美好，是该奖多年坚持不变的追求。2018 年的获奖作品揭露了有权有钱的性掠夺者的所作所为，包括对好莱坞最有影响力的制片人之一的指控，从而引发了反性骚扰运动（#METOO 运动）。2019 年的获奖作品揭露了学校和执法官员在佛罗里达校园（Marjory Stoneman Douglas High School）枪击案发生前后处置不当。

回到调查性报道奖，其前身是 1953 年创设的“无截稿时间的本地报道奖”（Local Reporting Award，No Edition Time），1964 年，“地方调查性专业报道奖”（Local Investigative Specialized Reporting Award）取而代之。后者的界定是“颁给一个杰出的当地调查或其他专题报道，最好是由个人或团队产制，以一篇文章或系列报道的形式呈现，着重考虑报道的原创性、智慧性、研究性和高质量的写作”。这是普利策新闻奖首次在奖项中提及调查性报道。[①]1985 年，该奖则改为“调查性报道奖”。

就普利策新闻奖的各种类别来说，公共服务奖与调查性报道奖两类奖项的重要性可以说是并驾齐驱的。而“公共服务”本身并不是新闻体裁，而是一种题材。因此，可以说，调查性报道奖是普利策新闻奖的重中之重（见表 2-2）。

表 2-2　普利策新闻奖调查性报道奖获奖作品（1985–2023）[②]

年度	媒体机构及记者	题材	结果
1985	Lucy Morgan and Jack Reed of St. Petersburg（FL）Times（圣彼德斯堡时报社）	揭露帕斯科县（Pasco County）警长 Sheriff John Short 所在部门的腐败。	警长被选民罢免。
	William K. Marimow of The Philadelphia Inquirer（费城问询报社）	曝光城市警犬袭击了 350 多人。引发对警犬（K–9）训练机构进行调查。	最终 12 名相关警官被解职。
1986	Jeffrey A. Marx and Michael M. York of Lexington（KY）Herald Leader（列克星敦先驱导报社）	系列报道《凌驾于规则之上》揭露了肯塔基大学篮球运动员违反全国大学体育协会（NCAA）规定，违规收受现金。	报道推动了重要改革。

① FISCHER H，FISCHER J. E. Complete historical handbook of the Pulitzer Prize system（1917–2000）[M]. München：DE GRUYTER SAUR，2003：118.

② 来源：普利策新闻奖官网，https：//www.pulitzer.org/prize-winners-by-category/206；需要指出的是，普利策新闻奖“公共服务奖”获奖的作品不少都是调查性报道。所列相关报道的记者姓名未译为中文，因为直译为中文颇为牵强，于读者而言亦无意义，列陈英文原名，便于读者搜索与查询相关记者的信息。——编者注

续表

年度	媒体机构及记者	题材	结果
1987	Daniel R. Biddle，H. G. Bissinger and Fredric N. Tulsky of The Philadelphia Inquirer（费城问询报社）	系列报道《法庭乱象》揭露了费城法院系统的违法行为。	联邦和州政府介入调查。
	John Woestendiek of The Philadelphia Inquirer（费城问询报社）	关于监狱管理的出色的独家报道，其中包括证明一名被判谋杀罪的男子无罪。	
1988	Dean Baquet，William Gaines and Ann Marie Lipinski of Chicago Tribune（芝加哥论坛报社）	报道了芝加哥市议会的自利和浪费行为。	
1989	Bill Dedman of The Atlanta Journal and Constitution（亚特兰大宪章报社）	揭露了亚特兰大贷款机构实行的种族歧视。	促使了这些政策的重大改革。
1990	Lou Kilzer and Chris Ison of Star Tribune，Minneapolis-St. Paul（明星论坛报社，明尼阿波利斯）	揭露了圣保罗市一些人与消防部门串通一气，通过制造火灾发财的丑闻。	
1991	Joseph T. Hallinan and Susan M. Headden of The Indianapolis Star（印第安纳波利斯星报社）	关于该州医疗事故的令人震惊的系列报道。	
1992	Lorraine Adams and Dan Malone of Dallas Morning News（达拉斯晨报社）	报道指控得克萨斯州警察胡作非为和滥用权力。	
1993	Jeff Brazil and Steve Berry of Orlando（FL）Sentinel（奥兰多哨兵报社）	揭露佛罗里达州沃卢西亚县的治安小组在第 95 号公路上执行反毒任务时，从司机（多为黑人或拉丁后裔）身上搜刮了 800 万美元的现金。	州长下令调查此事。
1994	Staff of Providence Journal-Bulletin（普罗维登斯快报社）	对罗得岛州（Rhode Island）法院系统普遍存在的腐败现象的深入报道。	
1995	Brian Donovan and Stephanie Saul of Newsday，Long Island，NY（新闻日报社，纽约长岛）	揭露了当地警察滥用残疾抚恤金。	
1996	Staff of The Orange County Register，Santa Ana，CA（橙县纪事报社，加州圣安娜）	揭露了一所著名研究型大学附属医院的欺诈性和不道德的生育行为。	相关报道推动了监管改革。
1997	Eric Nalder，Deborah Nelson and Alex Tizon of The Seattle Times（西雅图时报社）	对联邦政府资助的美洲原住民住房项目中普遍存在的腐败和不平等现象进行了调查。	该项目亟须改革。
1998	Gary Cohn and Will Englund of The Baltimore Sun（巴尔的摩太阳报社）	关于国际拆船业的引人入胜的系列报道揭示了废弃船舶拆解对工人和环境造成的危险。	
1999	Staff of The Miami Herald（迈阿密先驱报社）	报道详细揭露了该市市长选举中普遍存在的选民舞弊行为。	该选举结果随后被推翻。

续表

年度	媒体机构及记者	题材	结果
2000	Sang-Hun Choe，Charles J. Hanley and Martha Mendoza of Associated Press（美联社）	通过大量的文献资料，揭露了几十年前美国士兵在朝鲜战争初期如何在 No Gun Ri 桥的大屠杀中杀死数百名韩国平民的秘密。	
2001	David Willman of Los Angeles Times（洛杉矶时报社）	勇敢揭露了美国食品和药物管理局（FDA）批准的七种不安全处方药，并分析了导致该机构监管不力的政策改革。	
2002	Sari Horwitz，Scott Higham and Sarah Cohen of The Washington Post（华盛顿邮报社）	系列报道揭露了在1993年和2000年间，229 名受监护儿童因疏于照料而死亡的事件。报道检视哥伦比亚特区的责任。	促使该市的儿童福利系统全面改革。
2003	Clifford J. Levy of The New York Times（纽约时报社）	生动、精彩的系列报道《破碎的家》揭露了精神病患者在纽约州政府指定居所（state-regulated homes）中受到的虐待。	
2004	Michael D. Sallah，Mitch Weiss and Joe Mahr of The Blade，Toledo，OH（刀片报社，俄亥俄州托莱多）	系列报道揭露了越战期间美国陆军精锐排 Tiger Force 的暴行。	
2005	Nigel Jaquiss of Willamette Week，Portland，Oregon（威拉米特周刊杂志社，俄勒冈州波特兰）	揭露前俄勒冈州州长尼尔·戈德施密特隐瞒了三十年的性丑闻。20 世纪 70 年代中期，他任波特兰市市长期间，身为有妇之夫的他偷偷地与 14 岁的未成年少女保持了长达 3 年的性关系。	诉讼时效已经到期，使戈德施密特免予因此事受到任何起诉。但他的政治生涯迅速消亡，包括从几个著名组织辞职。
2006	Susan Schmidt，James V. Grimaldi and R. Jeffrey Smith of The Washington Post（华盛顿邮报社）	对华盛顿说客杰克·阿布拉莫夫（Jack Abramoff，有美国游说业“教父”之称）不屈不挠的调查，揭露了国会的腐败。	2006年3月29日，阿布拉莫夫及其同伙迈克尔·斯坎伦承认犯下合谋欺诈、逃税和阴谋贿赂政府官员三项重罪，被判入狱 5 年 10 个月（为换取从轻发落，阿布拉莫夫同意与执法人员合作，调查国会议员接受贿赂的黑幕）。
2007	Brett Blackledge of The Birmingham（AL）News（伯明翰新闻报社，阿拉巴马州）	揭露了该州两年制大学系统中的任人唯亲和腐败现象。	促使校长被免职等纠偏行动。

续表

年度	媒体机构及记者	题材	结果
2008	Staff of Chicago Tribune（芝加哥论坛报社）	揭露了政府对玩具、汽车座椅和婴儿床的监管不当。	促使大规模的危险产品召回和国会加强监管。
	Walt Bogdanich and Jake Hooker of The New York Times（纽约时报社）	从中国进口的药品和其他日常用品中含有毒成分的报道。	促使中美官方有所行动。
2009	David Barstow of The New York Times（纽约时报社）	揭露了一些退休将军被五角大楼选中，担任广播和电视分析员为伊拉克战争辩护。此外，他们中不少人和相关政策受益的公司之间有利益关系。	
2010	1.Barbara Laker and Wendy Ruderman of Philadelphia Daily News（费城每日新闻报社） 2.Sheri Fink of ProPublica, in collaboration with The New York Times Magazine（纽约时报杂志社）	1. 足智多谋的报道揭露了一个警察缉毒小组的流氓行径。 2. 记录了2005年新奥尔良市一家医院的医生在卡特里娜飓风来袭时做出的生死决定（对重病患者实施安乐死，发现45具尸体）。而安乐死在路易斯安那州是非法行为。	引发联邦调查局的调查和对数百起刑事案件的复查。
2011	Paige St. John of Sarasota Herald-Tribune（萨拉索塔先驱论坛报社）	报道揭露了对佛罗里达州业主有重要影响的财产保险体系的黑幕，提供了便利的数据评估保险公司的可靠度。	促使监管部门采取行动。
2012	1.Matt Apuzzo, Adam Goldman, Eileen Sullivan and Chris Hawley of the Associated Press（美联社） 2.Michael J. Berens and Ken Armstrong of The Seattle Times（西雅图时报社）	1. 揭露纽约警方秘密监视穆斯林社区的日常生活。 2. 调查了华盛顿州一个鲜为人知的政府机构如何将心血管“易损病人（vulnerable patient）更安全的镇痛药改为美沙酮，这是一种更便宜但更危险的药物。	1. 国会呼吁进行联邦调查，并就国内情报收集的正当性展开辩论。 2. 报道引发了全州范围的健康警告。
2013	David Barstow and Alejandra Xanic von Bertrab of The New York Times（纽约时报社）	报道沃尔玛超市利用广泛的贿赂手段支配墨西哥的市场。	报道促进该公司做法的改变。
2014	Chris Hamby of The Center for Public Integrity, Washington, DC（公共廉政中心，哥伦比亚特区华盛顿）	报道一些律师和医生如何操纵一个制度（system），拒绝为患有黑肺病的煤矿工人提供福利。	报道推动了补救性立法。
2015	1.Eric Lipton of The New York Times（纽约时报社） 2.The Wall Street Journal Staff（华尔街日报社）	1. 报道揭示了游说者们的影响力如何施加给国会领导人和州检察者，使正义偏向富人和其相关者。 2. “揭秘医保”（Medicare Unmasked）是一个开创性的报道项目，它让美国人前所未有地获得了以前的机密数据，揭示医疗保障提供者的动机和做法。	

续表

年度	媒体机构及记者	题材	结果
2016	Leonora LaPeter Anton and Anthony Cormier of The Tampa Bay Times（坦帕湾时报社）and Michael Braga of The Sarasota Herald-Tribune（萨拉索塔先驱论坛报社）	这是两家新闻机构合作报道的范例。它们揭示了佛罗里达州精神病院不断升级的暴力和疏忽，并将责任归咎于州政府官员。	
2017	Eric Eyre of Charleston Gazette-Mail, Charleston, WV（查尔斯顿宪邮报社，西弗吉尼亚州）	顶着强大的反对力量的压力进行勇敢地报道，揭露了阿片类药物（类罂粟碱）大量涌入西弗吉尼亚州多个县，导致病人死亡率高居全美首位。	
2018	Staff of The Washington Post（华盛顿邮报社）	揭露亚拉巴马州的参议院选举中，一候选人之前性骚扰多名少女，进而影响了该选举。	
2019	Matt Hamilton, Harriet Ryan and Paul Pringle of The Los Angeles Times（洛杉矶时报社）	南加州大学学生健康中心妇科医生乔治·廷德尔（George Tyndall）被指控在 25 年多的时间里借检查之名性侵数百名（至少 710 名）大学生。	2021 年，该大学同意支付超过 10 亿美元的和解金。
2020	Brian M. Rosenthal of The New York Times（纽约时报社）	曝光纽约出租车行业的黑幕：贷方如何从掠夺性贷款中获利，这些贷款摧毁了弱势司机的生活。	报道最终导致联邦调查和全面改革。
2021	Matt Rocheleau, Vernal Coleman, Laura Crimaldi, Evan Allen and Brendan McCarthy of The Boston Globe（波士顿环球报社）	揭露了一个系统性问题，即美国各州政府未能及时建立有关危险卡车司机信息的共享机制，而这些信息原本可以禁止那些危险司机上路，从而避免更多的事故。	报道促使政府相关机构立即进行相应的改革。
2022	Corey G. Johnson, Rebecca Woolington and Eli Murray of The Tampa Bay Times（坦帕湾时报社）	令人信服地揭露了佛罗里达州唯一的电池回收厂内的剧毒危险，迫使其实施安全措施，以充分保护工人和附近居民的安全。	
2023	Staff of The Wall Street Journal（华尔街日报社）	对 50 个联邦机构官员之间的财务利益冲突进行尖锐的问责报道，揭露那些买卖他们监管的股票的人，以及负责维护公众利益的个人的其他道德违规行为。	

通过全面梳理普利策新闻奖调查性报道获奖作品（如表 2-2），我们很容易看出其题材选择的特质：多为负面信息；故事的主角主要分有权有势者与弱势群体两类。从调查性报道取得的结果来看，“把权力关进笼子”和“让无力者有力”成为两个最重要的表征。

如果我们将普利策新闻奖调查性报道获奖作品（1985—2023）的颁奖词文本使用 Wordart 软件进行词云分析，就会得到如下结果：

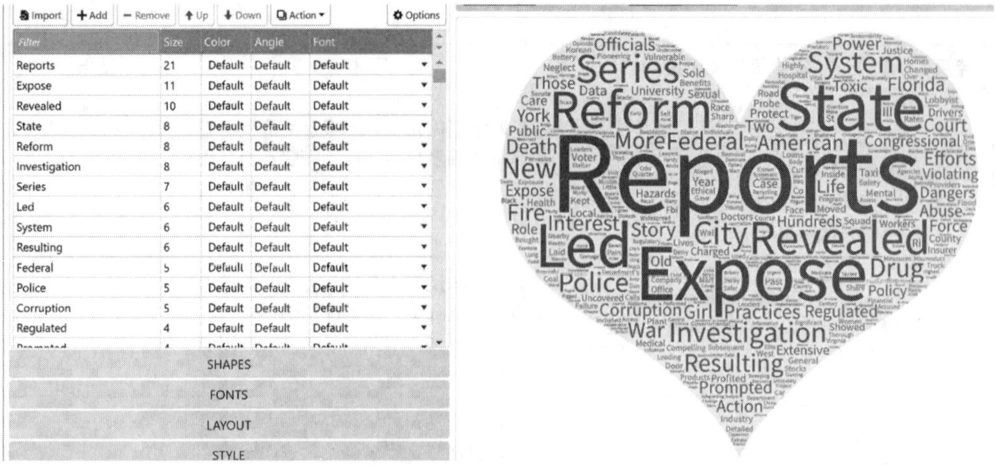

图 2-1 普利策新闻奖调查性报道奖获奖作品（1985—2023）颁奖词文本词云分析

从上述词云分析（如图 2-1）可以看出，expose（曝光）出现 11 次，revealed（揭露）出现 10 次，reform（改革）和 investigation（调查）各出现 8 次，corruption（腐败）出现了 5 次。这也佐证了调查性报道往往是揭开盖子，让见不得阳光的丑闻广为人知。

这也是我们需要调查性报道的原因。虽然包括报纸在内的传统媒体在网络媒体的冲击下举步维艰，美国调查性报道记者 Loretta Tofani 仍然相信，调查性报道仍然可以在报纸版面上茁壮成长，“现在，即使很艰难，记者们依然可以找到很多方法去写调查性报道，并发表在报纸上。编辑们喜欢好的故事，而且对社会不公同仇敌忾”。但是，做一个调查性报道记者是很难的，“需要毅力、勤奋、一些游击战术和恒心”①。

作为国家级的权威奖项，中国新闻奖设立调查性报道奖项的实际意义深远。之前，中国新闻奖没单列调查性报道奖项，还对参评作品有字数和时长的限制。后来虽然设立了特别奖，超长篇幅的也可参评，但数量严格控制，特别奖不得超过两个。这使得那些以调查性报道见长的媒体，那些有质量的长文章、长节目不能参与评选。如果有了调查性报道这一奖项，会推动媒体多采制这类新闻体裁，同时也可让更多优秀的作品得到应有的褒奖。

遗憾的是，从 2020 年起，中国新闻奖已经没有单独的调查性报道奖了。2020 年和 2021 年，第三十届和第三十一届中国新闻奖中，单设“文字通讯与深度报道”，不再有“调查性报道”。在“文字通讯与深度报道”中有“文字深度报道”，部分

---

① TOFANI L. Investigative journalism can still thrive at newspapers［J］. Nieman reports，2001，55（2）：64.

作品实为调查性报道。比如：2020 年，第三十一届中国新闻奖二等奖作品《视频聊天网站缘何成毒品“专卖店”》(《中国青年报》2019 年 6 月 25 日第 1 版转 3 版、6 版，记者：李超，实习生：郭阳琛、傅瑶池)；2021 年，第三十一届中国新闻奖一等奖作品《青海“隐形首富”：祁连山非法采煤获利百亿至今未停》(《经济参考报》2020 年 8 月 4 日第 4 版“经参调查 · 锐度”，记者：王文志)。

通过奖项、作品、学术论文、专著和教材为调查性报道正名，不仅有助于新闻媒体对这一题材的实践，也有助于相关新闻人才的培养。

二、调查性报道信息获取与写作要点

在中国，调查性报道是一种以提示真相为宗旨的报道，是新闻工作者针对被掩盖或者被忽视的损害公众利益的行为以及社会问题，通过独立、系统、科学、有针对性的调查而完成的报道，这种报道通常篇幅长、分量重、受到广泛关注。①

“独立、系统、科学、有针对性的调查”显然对记者提出了非常高的要求。相关信息的获取就是一大挑战。这是因为要报道的人物或事件往往是在冰山之下或处于信息洋葱的内核。除了要有很强的人际突破能力，记者还需要具备一些专业知识(如财务知识)。在操作某些选题时，记者要冒失去工作甚至失去生命的危险。

(一)调查性报道记者获取信息的途径

西方的新闻从业者从实践中发现，对调查性报道记者来说，在选题敲定后，获取信息的工具和方法有：

1. 采访

包括面对面采访(最好获得对方同意，全程录音，即 on the record)和电话采访等。

首先，起始阶段可以采访专家，获取概括性、介绍性的背景知识；其次，可以调查访问事件中遭到不公正待遇的受害人；最后，最重要的是，采访调查对象，以保证他们能够就这些针对自己的指控和抨击进行辩解。

2. 公共档案

书面的信息，包含有用信息的录音、照片、案件审讯记录、公共会议记录、检查报告、土地转让合同、公共合同、各种专业执照、之前公开发表的报道。经当事人许可，报道中公开私人文件也是合法的。

---

① 段勃 . 调查性报道概论 [M] . 北京：新华出版社，2010：11.

3. 个人观察

亲身经历不但能支持报道，还有可能会由此发现新的线索。

4. 社会调查

对比数据、随机抽样调查等。[①]

当然，这四个方面都是记者在法律允许范围内进行操作的（比如调查工具和信息来源的获取）。

就采访来说，调查性报道记者在拟定采访计划时，需要自问的问题是：

1. 采访的目的是否明确？

2. 已知的信息（包括新闻线索、文献、已有的报道）和未知的信息都有哪些？

3. 哪些信息是重要的（有助于报道目的的呈现）？如何获取这些信息？

4. 与重要信息相关的人有哪些？如何才能采访到？有无替代的人选？

前调查性报道记者王克勤曾对调查性报道记者的工作提出了以下几点认识：

1. 深入，深入，再深入

这是深度报道的必需。

2. 全面

做到详尽，实现信息平衡。

3. 铁证意识

这是真实的必需。这也是他常带印泥请被采访人按手印的原因。既是为保护当事人，也是为保护自己。

4. 杜绝个人情感和评论

用“冷笔调”最好。

5. 写作力求客观、平实

少用、不用形容词。调查性报道与普通新闻和文学没什么关系。多些法制意识，学法比读文学著作更重要。

6. 不断求证

对相关当事人保持足够的谨慎，以免被人利用。

7. 永远站在大多数公众的角度，独立调查

不能单纯站在媒体的角度。

8. 对重要事件报道进行法律和事实的核准，是成功的重要保证。

---

① 盖恩斯．调查性报道［M］．2 版．刘波，翁昌寿，译．北京：中国人民大学出版社，2005：16.

9. 新闻真实在于点点滴滴

不要有一点破绽，真相就是力量。忠实于历史（并不是当代史），忠诚于人民。报道中每一个对象要有真名实姓，这样才有力量，记者署身份证上的姓名。①

（二）调查性报道写作的要求

调查性报道前期收集的信息往往非常繁杂，后期记者在写作时，对信息的整理、分析与提炼，都需要高超的技巧。

1. 呈现事实

“用事实说话”是客观报道的基本准则。也就是说，事实与记者自己的观点要绝对分离。此处的“说话”是指信息传播。

尤其是在调查性报道中，由于要揭开黑幕，部分或全部依靠记者的判断是不足信的，必须要摆出事实来。

《政治周报》是第一次国共合作时期中国国民党中央宣传部主办的刊物，1925年12月5日创刊于广州。毛泽东当时任国民党中央宣传部代理部长兼该刊主编，他为该刊写的发刊词里提到，“向反革命派宣传反攻，以打破反革命派宣传”便是《政治周报》的责任。

他这样写道：

我们反攻敌人的方法，并不多用辩论，只是忠实地报告我们革命工作的事实。敌人说：“广东共产”。我们说：“请看事实”。敌人说：“广东内哄”。我们说：“请看事实”。敌人说：“广州政府勾联俄国丧权辱国”。我们说：“请看事实”。敌人说：“广州政府治下水深火热民不聊生”。我们说：“请看事实”。②

同样，记者在揭露被某些人或某些组织故意掩盖、损害公众利益或公民权利行为内幕时，事实本身是有力量的。在应对被揭露者的辩白、污蔑甚至否认时，事实是记者最好的护身符。

这样的例子有很多。

2006年6月15日和22日，《第一财经日报》分别刊发了记者王佑采写的两篇报道《富士康员工：机器罚你站12小时》《富士康离职女工：连续作业12小时已是家常便饭》，揭露鸿海集团董事长郭台铭在大陆投资的富士康科技集团鸿富锦精密工业（深圳）有限公司（以下简称鸿富锦公司）普遍存在工人“超时加班”问题。

---

① 来源：2005年1月6日下午，王克勤应邀到中国传媒大学作题为《记者的职业精神和社会责任》的演讲。演讲内容为未刊稿，特此说明。

② 中共中央文献研究室，新华通讯社．毛泽东新闻工作文选［M］．北京：新华出版社，1983：5.

该报是中国大陆地区率先报道富士康普遍存在员工超时加班现象的媒体。

7月4日，郭台铭在日本表示，富士康正在考虑是否对英国一家媒体提起诉讼。这个表态之后，诉讼就落到了该报编委翁宝和记者王佑的头上。

7月10日，鸿富锦公司以名誉侵权纠纷为由，通过法院将《第一财经日报》编委翁宝、报社记者王佑的个人财产分别查封、冻结，其依据是民事诉讼的财产保全措施。鸿富锦公司在民事起诉状中称："王佑的报道未经调查核实，与事实严重不符，在业界造成极坏的影响，严重侵害了原告的名誉权和商业信誉，造成了巨大经济损失。"

8月30日，富士康的声明称，"《第一财经日报》以'招进来1000人，500人身体本来就有病'等不实报道内容，严重歪曲事实，伤害企业声誉，本公司诉诸法律，以争取司法公正裁断，还原事实真相，维护公司声誉，这是我们唯一的选择"。当晚，富士康自动申请解除对两名记者个人资产的冻结，同时将诉讼标的由之前的3000万元降为1元，并添加《第一财经日报》报社作为被诉对象。

此事在2006年闹得沸沸扬扬，舆论一片哗然。2006年9月3日，富士康和《第一财经日报》经过多次协商后，最终握手言和，商定庭外和解。第一财经日报社与富士康科技集团在联合声明中称："双方共同认为，媒体当尊重企业正当权益，企业应尊重媒体正当合理的社会监督职能；双方对该事件给对方所造成的困扰互致歉意；双方同意携手合作为创建和谐社会，并增进劳工权益而努力。"

事实上，如果报道不是部分失实的话，和解的可能性是非常小的。耶鲁大学终身金融学教授陈志武曾收集、分析210个对媒体的诉讼案例，发现中国媒体在被诉侵权案的审判中，败诉率高达80%，而近30年美国媒体遭名誉侵权诉讼时败诉的概率约为9%。[①] 中国媒体败诉率高，当然有多种原因。但如何将报道做得更扎实，对胜诉来说是重要的保障。

需要指出的是，事实本身是有力量的，但前提是事实要真实、全面、客观。比如对核心事实的呈现，要有证据意识，"孤证不立"应该是记者奉行的事实核查准则。

另外，在事实叙述时，还要强调其内在的逻辑。逻辑混乱将有损事实的可信度。

2. 规避"信息黑洞"

从某种意义上说，新闻报道最基本的任务是消除信息的不确定性。但有的新闻

---

① 陈志武. 媒体言论的法律困境：关于新闻侵权诉讼的实证研究［M］. 北京：法律出版社，2006：66.

体裁如消息止步于发生了什么（what），而解释性报道着力于为什么发生（why）。调查性报道则致力于揭开迷雾，让受众对事件或人物的认识更加全面和深刻。

也就是说，好的调查性报道通过信息的挖掘，将报道对象的真面目示于人，受众不用再问“为什么”“怎么会成了这样”等问题。

中国传媒的经典调查性报道之一是《被收容者孙志刚之死》(《南方都市报》2003 年 4 月 25 日，记者：陈峰、王雷，见图 2-2)。该报道推动了中国的法治进程，为废除《城市流浪乞讨人员收容遣送办法》打响了第一炮[①]。

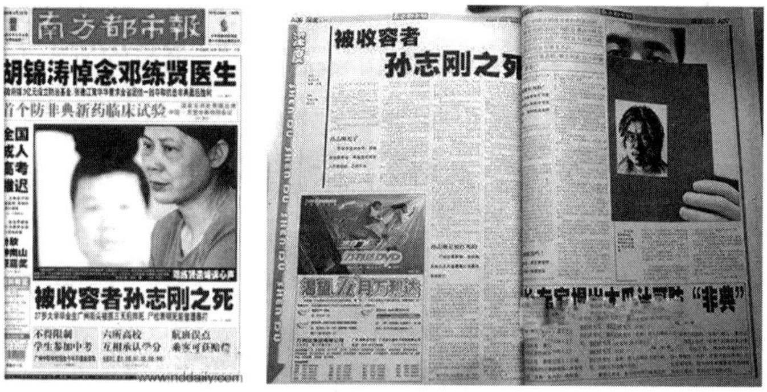
南方都市报
胡锦涛悼念邓练贤医生
首个防非典新药临床试验
被收容者孙志刚之死
被收容者
孙志刚之死
www.nddaily.com

图 2-2 《被收容者孙志刚之死》见报版面

该报道分为四个部分：“孙志刚死了”“孙志刚是被打死的”“孙志刚被谁打死的”“孙志刚该被收容吗”。仅从标题上看，前两个是肯定句，后两个一个是设问句，一个是反问句（结论是否定的）。读者读完，除记者尚未调查出是被谁打死的问题之外，对一个公民的非正常死亡了然于心。当然，得出这些判断是要基于扎实的采访。如果我们看报道全文，信息的交叉印证、获得核心消息来源都是重要的有力支撑。

据事后回忆，该报道记者陈峰和同事王雷两人陆陆续续操作了一个多月，才最终成稿。王雷向刺猬公社回忆，当初两人写这篇稿子时，因为涉及政府部门，所以操作起来非常谨慎，两人把案件涉及的每一个政府部门都采访了一遍，还拿到了第

① 报道当天被各大网站转载，立即引起强烈反响，点击率仅次于 SARS 报道。2003 年 5 月 14 日，华中科技大学法学院俞江等 3 名法学博士向全国人大常委会递交审查《城市流浪乞讨人员收容遣送办法》的建议书，认为收容遣送办法中限制公民人身自由的规定，与中国宪法和有关法律相抵触，应予以改变或撤销。2003 年 5 月 23 日，贺卫方、盛洪、沈岿、萧瀚、何海波 5 位著名法学家以中国公民的名义，联合上书全国人大常委会，就孙志刚案及收容遣送制度实施状况提请启动特别调查程序。2003 年 6 月 18 日，国务院总理温家宝主持召开国务院常务会议，审议并原则通过了《城市生活无着的流浪乞讨人员救助管理办法（草案）》，同时废止 1982 年 5 月国务院发布的《城市流浪乞讨人员收容遣送办法》。2003 年 6 月 27 日，广东省高院对该案做出终审判决：以故意伤害罪，判处被告人乔燕琴（救治站护工）死刑；李海婴（被收容人员）死刑，缓期 2 年执行；钟辽国（被收容人员）无期徒刑。其他 9 名被告人分别被判刑。

三方的尸检报告等文档资料，以求稿子在事实上不出任何纰漏。谨慎是陈峰的一贯作风，“我在南都写了十五篇左右的调查报道，大部分都是揭黑报道，但从来没有一个人要告我，也没有人说过哪一处失实”[①]。

中央电视台《新闻调查》栏目所做的《公交之痛》（播出时间：2007 年 7 月 15 日）、《虎照疑云》（播出时间：2007 年 12 月 8 日）也是很好的例证。前者通过全面的采访，佐证了现行管理下公交车出事的必然性；后者则通过采访，揭开了一个黑幕，即有关部门虚构发现了华南虎，从而建立自然保护区以追求政绩和套取专项资金。其荒谬性在于，“华南虎事件”中，一个农民站在了舞台中央。该报道中有一个插曲，记者采访发现，华南虎论证会专家并无大型兽类的研究方向。记者与专家论证会组长、陕西师大教授王廷正面对面：

记者：您是研究啮齿动物的，刘教授主要是研究金丝猴的，还有一位许教授主要是研究鱼的？

王廷正：对。

记者：听上去这个跟华南虎差距都挺大的。

王廷正：人家要开鉴定会了，这个省上没有研究这个的，他只能是找动物学工作者。

记者：不管是哪个级别的鉴定吧，比如说假如是一个关于田鼠的鉴定，可是由研究华南虎的专家来做，您觉得合适吗？

王廷正：好像也不太合适。

这一插曲，佐证了“一个消息来源终结所有消息来源”。

3. 写作风格：零度写作

“零度写作”的概念，来源于法国文学理论家罗兰·巴尔特 1953 年发表的一篇文章《写作的零度》。他主张零度写作或中性写作，“存在于各种呼声和判决的环境里而又毫不介入其中”，如加缪的《局外人》[②]。

《局外人》开头是这样写的：

今天，妈妈死了。也许是昨天，我不知道。我收到养老院的一封电报，说：“母死。明日葬。专此通知。”这说明不了什么。可能是昨天死的[③]。

这些文字读起来冷冰冰的，不带丝毫感情色彩。对调查性报道来说，也应学习

---

① 赵思强. 他曾写出新闻名篇“孙志刚之死”，也做过网易总编辑，创业经历至暗时刻后，坚持打造优质内容工场［EB/OL］.（2018-07-01）［2019-10-30］. http://www.sohu.com/a/238685982_141927.

② 巴尔特. 写作的零度［M］. 李幼蒸，译. 北京：中国人民大学出版社，2008：6.

③ 加缪. 加缪文集［M］. 郭宏安，等译. 南京：译林出版社，1999：481.

这样的写法，尽可能不用形容词、副词，因为它们带有主观色彩；多用动词和名词。这种写作风格实际上也是呼应“事实本身是有力量的”这一论断的。可以说，“零度写作”是调查性报道和特稿在写作特征上最大的区别。

《被收容者孙志刚之死》从标题上看就是“零度写作”的代表，报道全文亦是这种风格。记者之一王雷回忆：

“晚上9点多，稿子写完，编辑陈志华上版。我、陈峰、陈志华、杨斌一起捧着版样看。有人提议定个煽情的标题，突出孙志刚大学生身份，但很快被我们否定。我们就是用最冷静的方式陈述事实。

现在回头看，《被收容者孙志刚之死》没用多少技巧，但它仍是个好稿子。冷静地把事情说明白，这不就是新闻稿追求的品质吗？”[①]

事实证明，调查性报道的成功不是靠华丽的语言和技巧，而是靠实打实的客观叙述。

4. 基于公共利益

按照美国学者亨廷顿的看法，由于研究方法的不同，学者们对于“公共利益”的理解也不同，主要表现为三种理解：

一是公共利益被等同于某些抽象的、重要的、理想化的价值和规范，如自然法、正义和正当理性等；二是公共利益被看作某个特定的个人、群体、阶级或多数人的利益；三是公共利益被认为是个人之间或群体之间竞争的结果。[②]

一般认为，公共利益是指有关国防、教育、科技、文化、卫生等关系国计民生的不特定多数人的利益。[③]边沁曾认为，国家的目的就是最大限度地促进公共利益，实现社会最大多数人的幸福。[④]

大众传媒本就是社会公器，是有使命与担当的。调查性报道的目的并不是记者或所在传媒机构要对报道对象（个人或机构）发泄私愤，而是为了公共利益，推动社会更加民主、自由、法治和公正。从这个意义上说，调查性报道是社会主义核心价值观[⑤]坚定的维护者和推动者。

对中国调查性报道记者来说，任重而道远。

值得警惕的是，有研究者通过两次调研（年份为2016-2017与2010-2011）发

---

① 王雷谈孙志刚事件　他用生命唤起对个体权利的关注［N］. 钱江晚报，2012-09-26.

② 亨廷顿 . 变革社会中的政治秩序［M］. 李盛平，杨玉生，等译 . 北京：华夏出版社，1988：24.

③ 王轶 . 论物权法的规范配置［J］中国法学，2007（6）：110-125.

④ 边沁 . 道德与立法原理导论［M］. 时殷弘，译 . 北京：商务印书馆，2000：58.

⑤ 社会主义核心价值观是富强、民主、文明、和谐、自由、平等、公正、法治、爱国、敬业、诚信、友善。

现，传统媒体调查记者从业人数减少幅度高达57.5%（从306名降为130名），新媒体机构新增调查记者数量比较有限，整个调查报道行业面临人才流失和队伍萎缩的严峻考验。①

（三）调查性报道发展的新变化

1. 采写工作的协作化

在全球化社会中，很多议题本就是国际化的。“全球议题，本土化操作”逐渐成为常态。这种信息的共同分享、协作生产有助于强化议题的影响力。

其中比较典型的是“巴拿马文件”（Panama Papers）。它由一匿名者于2015年提供给《南德意志报》。报方将文件与国际调查记者同盟分享，后者动用了全世界来自80个国家与地区的107个媒体组织，以一年的时间整理这些文件，并于2016年4月3日公布初步结果。完整清单已于同年5月初通过专门网站公布。

与之类似的是“天堂文件”（Paradise Papers）。2017年11月5日，一份被称为“天堂文件”的财务报告遭曝光，其揭露了数以百计知名公司和个人的离岸利益。这批泄密文件不但曝光了特朗普内阁成员的大量海外交易，还揭露了英国女王伊丽莎白二世以私有财产在被称为“避税天堂”的开曼群岛（Cayman Islands）为一基金投资数百万英镑。

这次爆料是近百家媒体长期调查的结果，国际调查记者同盟由来自67个国家、90多家媒体的380多名记者组成。BBC和《卫报》是这近百家调查媒体团体的成员，其调查了专业服务公司和离岸公司注册机构的1,340万份文件。大部分数据来自一家名为阿普尔比（Appleby）的百慕大群岛海洋产业高端法律服务提供商，该公司的主要业务是帮助客户提供低或零税率的海外司法管辖区方面的服务。而这份文件的消息来源并未被透露。

协作出击的案例还包括斯诺登曝光美国棱镜（PRISM）计划，相关报道于2013年6月6日在英国《卫报》和美国《华盛顿邮报》同时见报。

这种模式与20世纪70年代美国“水门事件”有所不同，后者是接力报道，而近年来一些调查性报道是通过协同国内、国际媒体，同步发布相关报道。

① 张志安，曹艳辉．新媒体环境下中国调查记者行业生态变化报告［J］．现代传播，2017（11）：27–33；吴婧．中国调查报道的冬天［EB/OL］．（2015–08–14）［2021–11–30］．https：//theinitium.com/article/20150813-china-investigative-reporting-one/．

2. 信息披露（来源）的黑客化

在调查性报道中，“线人”（亦称“深喉”）非常重要。“水门事件”曝光了尼克松的窃听丑闻，报道在 1972 年见报，并获得 1973 年的普利策新闻奖公共服务奖。但当时《华盛顿邮报》记者鲍勃·伍德沃德和卡尔·伯恩斯坦不到三十岁，他们能拿到内幕消息，全靠一个神秘的线人，他有个令人不寒而栗的代号——深喉。“深喉”这个代号在“水门事件”时代就广为人知，但具体是谁却无人知晓。直到 30 多年后的 2005 年，已经年过九旬的马克·费尔特才承认，自己就是那个深喉。在“水门事件”曝出的年代，他的职务是美国联邦调查局副局长。

在调查性报道发展史上，很多内幕消息都是内部人士（或知情人士）爆料出来的。但近年来有些变化。以“维基解密”为例，一些绝密文件、私人信息（如希拉里电子邮件等）是被黑客所获取的，然后在网上免费公开。同样，“巴拿马文件”亦类似，巴拿马律师事务所称遭到外部黑客攻击，数据泄露非内部人员所为。

3. 挑战性越来越大

主要体现在以下几个方面：一些违法、违规行为越来越隐蔽；相关信息的量级增强，尤其是对相关数据的抓取、分析和追访难度加大；另外，报道的危险性也在加大，一些记者因为报道一些政要人物的丑闻，导致在所驻国家无法延长签证。

可参看 2016 年普利策新闻奖公共服务奖作品 *Seafood from Slaves*①（《打鱼奴家》，记者：Robin Mcdowell，Margie Mason 和 Martha Mendoza，美联社）。记者为了调查美国超市和餐馆海鲜的供应链条，花费了数年。该系列报道解放了 2,000 名打鱼奴隶，将犯罪者送上法庭，并促进了渔业改革。

4. 呈现方式的多媒体化

在网络媒体时代，调查性报道的写作（或更准确地说，是制作）朝多媒体方向发展。在内容呈现上，不只是文字，还包括音频、视频和图片（尤其是数据可视化）等多种形式。

在第 99 届普利策新闻奖（2015 年）中，来自南卡罗来纳州的一家小型报纸《信使邮报》（*The Post and Courier*）凭借调查性报道《直到死亡将我们分开》（*Till Death Do Us Part*）荣膺“公共服务奖”。该报道的网络版本充分运用了融合新闻的

---

① 报道文本请见普利策新闻奖官网：https：//www.pulitzer.org/winners/associated-press。

报道方式，将文字、图片与受访者视频、交互信息图表和资料链接等融为一体。[①]

5. 非营利机构成报道新力量

由于调查性报道周期长、成本高，再加之中国2012年以来报纸广告遭遇断崖式下滑，裁员、减版、转网成为关键词。调查性报道部门和调查记者往往成了最先被裁撤和转岗的对象。

美国也不例外。不过，其报业的不景气发生更早，2007—2009年全球金融危机重创商业媒体的收入，数万新闻人没了工作，并引发人们对严肃好新闻（quality journalism）未来的担忧。从那时起，致力于调查性报道和公共服务的非营利新闻生产机构开始组成、扩大和成熟起来。非营利新闻学院（The Institue for Nonprofit News）在2009年成立时，才27个成员，几年后扩大到160个。2018年，除非营利新闻学院外，全球增加了110家左右的非营利新闻组织[②]。

这些非营利新闻组织集结了很多优秀的调查性报道记者，独立采访或与报纸记者合作的报道多斩获包括普利策新闻奖在内的多个新闻奖。这些组织中，最大的五家是The Center for Investigative Reporting（调查性报道中心，1977年成立，2012年入围普利策新闻奖调查性报道奖）、Center for Public Integrity（公共诚信中心，1989年成立，2014年入围普利策新闻奖调查性报道奖）、ProPublica（2007年成立，2010年，ProPublica记者Sheri Fink和《纽约时报杂志》获普利策新闻奖调查性报道奖，成为首家获得普利策新闻奖的网络传媒；2017年，ProPublica与*New York Daily News*获普利策新闻奖公共服务奖。）、Mother Jones（1976年成立，三获美国国家杂志奖）和VT Digger（2009年成立）。

此外，还包括The Marshall Project（马歇尔计划，2014年成立，2016年与ProPublica获普利策新闻奖解释性报道奖）等。

三、调查性报道案例分析

（一）爱德华·罗斯科·默罗关于参议员约瑟夫·麦肯锡的报道

爱德华·罗斯科·默罗（Edward Roscoe Murrow，1908—1965），美国广播电视新闻

---

① 张培超，余星馨，彭兰.调查性报道的融合新闻呈现——以普利策新闻奖作品《直到死亡将我们分开》为例［J］.新闻界，2015（21）：42–45；英文网址为http：//postandcourier.com/app/till-death/index.html。

② BIRNBAUER B.The rise of nonprofit investigative journalism in the united states［M］. New York：Routledge，2019：1–2.

工作者。1954 年，他在自己主持的电视节目《且看今朝》中，持续地揭露了参议员约瑟夫·麦卡锡侵犯人权的丑行，受到美国舆论界的赞赏，被誉为电视节目的开拓者。他于 1961—1964 年任美国新闻署署长，曾是《时代周刊》的封面人物（1957 年 9 月 30 日）。

【作品点评】

《麦卡锡主义的威胁》

在“冷战”时代，反共产主义思潮甚嚣尘上，也是一种“政治正确”。因此，默罗站出来怒怼麦卡锡，一是基于新闻人的良知，二来需要极大的勇气。CBS 高层并不支持，他和制作人自掏腰包打广告。

就专题报道来看，至少有几点值得称道：

1. 用事实说话

虽然人们常说“以理服人”，但这“理”若以事实来承载，效果更加有效。

默罗显然知道这一点。所以在报道中，默罗列举了麦卡锡的诸多事实，比如公开讲话：最经典的是将麦卡锡在调查听证会上与哈里斯的对话完整播出，让观众一下子就明白了其“反共”的荒谬之处。

此外，列举的几家批评麦卡锡的左派媒体的观点亦非常有代表性，这种论据有“四两拨千斤”之效。

2. 注重独家信源

默罗拿到了麦卡锡的谈话录音（没有摄像），特派调查员去拍摄马萨诸塞州的一个谷仓，并找到一份文件，从而还原麦卡锡批判的史蒂文森本来的面目。

3. 平等姿态，平衡叙事

在节目一开始，默罗就说：“针对麦卡锡参议员的报道必然会引发争议，因此我们希望能够实话实说。每当我与制作人佛伦德里发表评论时，请各位务必阅读字幕。如果参议员认为我们曲解他的谈话或影片，愿意亲自出面澄清答辩，本节目也将给他机会。”

这样的姿态是一种平和的“就事论事”。在节目中，麦卡锡的同期声用得最多，而默罗在串词时，要么叙述事实，要么进行简短述评，用词非常谨慎。直到最后部分，才是默罗观点与立场的体现，从段落看，最后两段可以算是“编后”，是直接评论。但这评论不是理念性的，而是针对麦卡锡个人的。

（二）“三鹿奶粉事件”调查

“三鹿奶粉事件”，规范称法是 2008 年中国奶制品污染事件（或称 2008 年中国奶粉污染事故、2008 年中国毒奶制品事故、2008 年中国毒奶粉事故），是中国的一起食品安全事故。事故起因是很多食用三鹿集团生产的奶粉的婴儿被发现患有肾结石，随后在其奶粉中被发现含有化工原料三聚氰胺。

中国国家质检总局公布对国内乳制品厂家生产的婴幼儿奶粉的三聚氰胺检验报告后，事件迅速恶化，包括伊利、蒙牛、光明、圣元及雅士利在内的多个厂家的奶粉都被检出三聚氰胺。该事件亦重创中国制造商品的信誉，多个国家禁止了中国乳制品进口。在该事件中，因使用问题奶粉而死亡的婴幼儿有 4 人。

该事件发生在 2008 年，正是北京奥运之年。除关键年份外，它还关系到千家万户，是无比重要的民生大事；此外，该事件不只是国内事件，还是国际事件——全球乳业巨头新西兰恒天然拥有石家庄三鹿集团有限公司 43%的股票，相关奶粉制品在全球销售。

对“三鹿”奶粉导致婴儿结石的问题，甘肃当地媒体率先报道，但并未点名。上海《东方早报》率先公开点名“三鹿”，从而引发风暴，虽然获了当年中国新闻奖一等奖，但该报道文本却存在不少问题，甚至有硬伤。

甘肃 14 婴儿同患肾病
疑因喝“三鹿”奶粉所致①

■不知是否冒牌产品 豫赣鄂等也有同样病例 样本已送国家鉴定机构

■三鹿集团称产品“没质量问题” 甘肃省卫生厅今天介绍调查进展

记者 简光洲

9 月 8 日，位于甘肃省兰州市的中国人民解放军第一医院泌尿科又接收了一名 8 个月大，来自该省岷县的患有“双肾多发性结石”和“输尿管结石”病症的婴儿，这是该院三个多月来接受的第 14 名患有同样疾病病例。

到目前为止，对于婴儿患病的原因还没有调查清楚，但是这些家长们反映孩子出生后一直都在吃名为“三鹿”牌的奶粉。患病婴儿的家长们怀疑说：“或许和当年安徽阜阳的空壳奶粉致婴儿成为大头娃娃一样，这次的罪魁祸首也可能是奶粉。”

记者昨日还了解到，10 天前湖北省同济医院小儿科也接收了三名患有肾病的婴儿。这三名分别来自河南、江西和湖北的患儿家长也反映婴儿食用的是“三鹿”牌奶粉。

目前尚不知患儿所使用的奶粉是否为假冒伪劣产品。河北三鹿集团传媒部对早报记者表示，已派出工作人员赴甘肃调查，当地质检部门对该集团奶粉的检验显示

① 原刊于 2008 年 9 月 11 日的《东方早报》A20“中国新闻”版。见图 2–3。

没有质量问题。

中国 | National

甘肃14婴儿同患肾病 疑因喝“三鹿”奶粉所致

■不知是否冒牌产品 豫赣鄂等也有同样病例 样本已送国家鉴定机构

■三鹿集团称产品“没质量问题” 甘肃省卫生厅今天介绍调查进展

不排除出院还有后遗症

“正规超市买的老牌奶粉”

无证据证明婴儿因吃三鹿奶粉致病

罪魁指向“三鹿”奶粉

图 2-3 《东方早报》点名“三鹿”的报道版面

不排除出院还有后遗症

解放军第一医院泌尿科已经接收了 14 名患肾结石的婴儿，到昨日为止，有 6 名在手术后康复出院，其余 8 名仍在医院治疗。

该院泌尿科首席医生李文辉介绍说，该科是在 6 月 28 日收到第一例婴儿患“肾结石”的病例。在 3 个月时间里，陆续共有 14 名婴儿因患同样的疾病住院。

据了解，这些婴儿进院时病症基本上都到了中晚期，有的甚至有生命危险。他们共同的病理特征表现为都是一岁以内的婴儿，且症状表现为双肾多发性结石，刚来的时候都是急性肾衰竭。

经紧急治疗后，目前 8 名婴儿已经脱离了危险，但是仍需住院两到三周进行观察治疗。至于婴儿出院后会不会有后遗症？李文辉说，目前时间比较短还不能排除这种可能，要经过以后的随访和两三个月复查后才能确定。

罪魁指向“三鹿”奶粉

据李文辉介绍，经过检查后发现，这 14 名婴儿中有 90% 以上为尿酸胺结石，这种情况在结石中非常少见，一般是营养不良造成的，多见于儿童和老人的膀胱结石。而经过进一步检测，医院推测这 14 名婴儿是由于摄入的脂肪和蛋白含量比例失调，引起体内嘌呤碱代谢异常，继而产生尿酸和尿酸盐结晶，在上尿路梗阻后形成肾结石，导致肾衰竭。

医生们注意到，这些患病婴儿在没有母乳之后，都使用了品牌为“三鹿”的奶粉。李文辉分析说，因为这些婴儿最主要的食品来源就是奶粉，且都是长时间使用同一品牌的奶粉，“因此不排除与奶粉有直接的关系”。

小李8个月大的儿子也是患婴之一。小李说，儿子自从出生后因为没有母乳就一直吃“三鹿”奶粉，每400克一包卖18元，但奶粉具体什么品种记不得了。孩子七八个月时每4天就要吃一包。“一直这么吃，也没有想到会出问题，最近一段时间就发现孩子尿不出来。”据小李介绍，在他家附近也有几名婴儿和他儿子患同样的病。

目前有7名患儿的父母联名写下了申请书，上书甘肃省卫生厅，要求彻查病因。

“正规超市买的老牌奶粉”

昨日，记者从甘肃省卫生厅及该省食品药品卫生监督局了解到，前一段时间他们就已接到相关情况的汇报，正在联合多个部门调查。9日下午，由卫生厅牵头的调查人员曾到解放军第一医院泌尿科了解情况。

甘肃卫生厅办公室的杨敬科主任介绍，卫生厅已把病理及病因样本送到国家相关的鉴定中心进行检验。鉴定结果尚未出来。

杨敬科认为，这次甘肃婴儿患病的情况根本没有当年安徽阜阳空壳奶粉严重，但因为媒体经常询问，所以决定11日上午召开新闻发布会向外界说明调查的进展。

南京市儿童医院泌尿外科日前也接诊了5名吃同一品牌奶粉患上肾病的患儿。病情严重的已转至上海治疗。其中一患儿母亲说：“这个牌子（奶粉）是在正规超市里买的，价廉物美，牌子也比较老了，吃了放心。”

此前，还有山东、甘肃、安徽、湖南等地的家长告诉湖北的记者，称自己孩子也吃该品牌奶粉，出现类似症状。

◇厂方回应

无证据证明婴儿因吃三鹿奶粉致病

因为患病婴儿使用的都是同一品牌的奶粉，且婴儿最主要的食品也是奶粉，因此家长及医生们都怀疑婴儿肾病的罪魁祸首是奶粉。

昨日下午，记者和河北省三鹿集团取得了联系。该集团传媒部的工作人员杨爱称已经获悉甘肃有婴儿患病的情况，并且已经派出工作人员对此事进行了解。

杨爱向记者介绍，三鹿是奶粉行业品牌产品，有很多年的历史。目前还没有证据证明患病婴儿是因为吃了三鹿奶粉而致病。如果真的有这样的问题，相信质检部门会查个水落石出。

此后，杨爱又致电早报记者称，已经委托了甘肃当地权威质检部门对三鹿奶粉进行了检验，结果显示质量是合格的。

【作品点评】

1. 率先直接点名“三鹿”

在报送中国新闻奖的推荐表上，其“作品评价”中这样写道：“该报道打破媒体‘某’规则，直接说出了‘三鹿’两个字，引发了中国乳品行业地震，间接挽救了无数婴幼儿的生命健康。该报道调查严谨细致、行文客观平衡、用词严格缜密，用事实说话，不失为一篇优秀的调查报道。该报道还原了传媒的公共价值和监督角色，体现了媒体和新闻工作者的诚实、责任和勇气，弘扬了社会正气，彰显了新闻正义。”

《南方周末》在 2009 年新年特刊中，将这篇报道列为致敬之年度舆论监督，并评价记者，“他不是第一个报道奶粉事件的记者，却是第一个点名‘三鹿’的记者。由非正常的语焉不详到正常的新闻表达，只是遵守了新闻报道最基本的要求，他就成为‘英雄’”。简光洲的故事让公众再次相信了舆论监督之锋利。

陈力丹等评价该报道有三大优点：一是凸显传媒和记者的责任意识；二是调查采访深入、叙述谨慎，如果不认真采访和多方核实，较为随意地点名“三鹿”，对“三鹿”和全国乳品行业的负面影响将是巨大的；三是采用客观报道方式，注重多方平衡。①

记者简光洲自述：

“写还是不写出三鹿的名字？”当做这篇可能会让企业面临灭顶之灾的报道时，我有过很多的顾虑和长时间的挣扎。我怕如果因为自己一篇可能错误的小小的报道给这家优秀的企业带来不必要的麻烦和造成巨大的损失，到时，我不但要坐上被告席，还会成为千古罪人，甚至会被人扣上被外资品牌利用打击民族品牌的罪名。所以，在奶粉与患病婴儿关系的论据求证上我格外地严谨，在行文时更是字斟句酌、慎之又慎。对于三鹿强调自己“产品质量没有问题”的回应，我差不多一字不落地照登。除此之外，在新闻标题里，我再次强调了三鹿公司“没有证据表明奶粉导致婴儿患肾病”的结论。②

---

① 陈力丹，赵卓伦 . 大胆履行职责谨慎点名揭露——评通讯《甘肃 14 婴儿同患肾病疑因喝“三鹿”奶粉所致》[J]. 传媒评论，2010（1）.

② 张志安 . 新闻生产过程中的自我审查研究［J］. 新闻与传播研究 . 2013（5）.

2. 点名“三鹿”却未坐实

问题在于，点出名字就可以了吗?

事实上，该报道在三鹿两字加双引号是有深意的。我们知道，一个词语加双引号，有多种含义：表示特定称谓、表示特殊含义、表示否定和讽刺、表示着重论述的对象。在这篇报道中，双引号应是表示特殊含义的，因为记者根本就没法断定，这些奶粉是不是真的三鹿奶粉！副标题还特意强调了这一点。所以此处的引号是虚指，而非特指。读者看完后会产生疑惑：到底是不是三鹿奶粉？奶粉与结石是否有直接关联?

从篇幅看，全文共2,100字，在容量有限的情况下，描述性的信息过多，但确证性的信息太少。这样下来，就形成了很多“信息黑洞”，对受众造成极大困扰。严格说来，这是调查性报道的硬伤：如果没能消除信息的不确定性，就是不合格的调查性报道作品。

3. 消除不确定性的途径

就本报道来说，要解决下述两个问题并不难：“到底是不是三鹿奶粉？”“奶粉与结石是否有直接关联？”

就前者来说，可通过产品批号、经销商来验证此奶粉是不是三鹿生产的。对后者来说，购买同一批次和就近批次的三鹿奶粉，然后到专业实验室进行化验，就其中的成分询问研究结石的顶级专家，其逻辑链条就可以被打通。

本报道中，我们看不到记者做了这些努力。但可以看出，之前，记者心里有一个复杂的挣扎过程。

4. 逻辑也是传播力

在报道写作中，记者的逻辑也是受众对事件、人物或现象的认知路径。如果记者逻辑混乱，受众的认知也是混乱的。

该报道标题《甘肃14婴儿同患肾病 疑因喝“三鹿”奶粉所致》严格说与正文内容并不对位，应该是《全国多地婴儿同患肾病 疑因喝三鹿奶粉所致》。甘肃只是一个点，应该从点带出面来。

另外，各部分之间的逻辑也是混乱的。甚至同一个事实出现两次重复叙述。该报道的行文逻辑应该是：

①全国多地婴儿同患肾病；

②患病病因指向奶粉；

③奶粉来源与成分验证；

④官方及厂方回应。

四、调查性报道参阅作品

参考书目

1. 盖恩斯 . 调查性报道［M］. 2 版 . 刘波，翁昌寿，等译 . 北京：中国人民大学出版社，2005.

2. 段勃 . 调查性报道概论［M］. 北京：新华出版社，2010.

3. 周海燕 . 调查性报道采访与写作［M］. 北京：新华出版社，2003 .

4. 皮尔格 . 别对我撒谎：24 篇撼动世界的调查报道［M］. 牟磊，许庆豫，等译 . 上海：华东师范大学出版社，2015.

5. 林照真 . 记者，你为什么不反叛？——调查报道的构想与实现［M］. 天下杂志，2006.

报纸报道案例

1. 王克勤 . 北京出租车业垄断黑幕［N］. 中国经济时报，2002-12-06（1-5）.

2. 陈峰，王雷 . 被收容者孙志刚之死［N］. 南方都市报，2003-04-25（A06-A07）.

4. 江菲 . 不付钱的“赎买”（北京“国家经租房”调查）［N］. 中国青年报，2003-12-17（12）.

杂志报道案例

1. 欧阳洪亮，饶智，等 . 追问央视新址大火［J］. 财经，2009（4）；央视新址大火余波未了［J］. 财经，2009（3）；欧阳洪亮，饶智，等 . 再问央视大火［J］财经，2010（5）.

2. 崔先康，于宁，刘冉 . 权力猎手郭文贵［J］. 财新周刊，2015，12（3）.

3. 袁凌，徐宵桐 . 走出马三家［J］. LENS 视觉，2013，16（4）：116-147.

电视报道案例

1.《公交之痛》，央视《新闻调查》，播出时间：2007 年 7 月 15 日。

2.《虎照疑云》，央视《新闻调查》，播出时间：2007 年 12 月 8 日。

3.《智障奴工》，河南电视台都市频道（记者：崔松旺），播出时间：2011 年 9 月 4 日。

4.《苹果公司：未兑现的承诺》（*Apple's Broken Promises*），英国 BBC *Panorama*（英国广播公司《全景》栏目），播出时间：2014 年 12 月 18 日。

新闻奖项作品

普利策新闻奖调查性报道奖获奖篇目，https：//www.pulitzer.org/prize-winners-by-category/206。

五、本章思考题

1. 调查性报道与解释性报道有什么区别？

2. 调查性报道的信息采集有哪些手段？

3. 调查性报道的写作有哪些要求？

六、实战演练

1. 收看央视《新闻调查》播出的一期节目，请指出这一调查性报道存在的问题和原因。如果你是记者，会怎么做这个选题？

《庆安枪击案调查》，央视《新闻调查》（编导：谭芸），播出时间：2015 年 5 月 30 日。

2. 阅读网络媒体的一篇调查性报道，请指出其存在的问题。如果由你来做这个选题，会怎么做？

王乐《寻找汤兰兰：10 年前，14 岁的她以性侵等罪名把全家送进监狱，然后失踪了……》[①]，澎湃新闻，2018 年 1 月 30 日，https：//mp.weixin.qq.com/s/88_JIgnTTpvz3cFyigIdcQ。

3. 有知情人爆料你所在城市的一些火锅店的老汤火锅底料中含有罂粟壳。如果由你来做这个选题，请写出采访计划，并列出报道的结构（各部分内容关键词）。

---

① 该报道曾引发大量争议，被称为汤兰兰事件或称寻找汤兰兰事件，相关论争请搜索网络。

Chapter 3

第三章　新闻特稿

►本章要点

新闻特稿不等同于新闻特写，也不等同于通讯，而且不能将其概念泛化，不然容易失焦。

新闻特稿常常聚焦一个人遭遇逆境后的故事。“苦熬”与“抗争”，是常见的主题。

新闻特稿在写作上注重场景描述、对话、第三人称视角和细节记录。

硬新闻夺人眼球，特稿俘获人心（It is hard news that catches readers.Features hold them）。

Lord Northcliffe（英国现代报业奠基人北岩爵士）

特稿作者和剧作家的目标是一样的：让他们笑，让他们哭（The feature writer's aim is the dramatist's aim：Make ‘em laugh；make ‘em weep）。

Mary J.J. Wrinn（*Elements of Journalism* 一书作者）

上述两句话[①]点出了特稿故事（feature story）的魅力：硬新闻（24 小时内的突发新闻或时政要闻）能吸人眼球，但特稿故事能抓人心；特稿作者的目标和编剧是一样的，给人们以欢笑，让人们伤怀。

但在业界，新闻工作者对特稿（尤其是新闻特稿）的认知，无论是在概念上，还是在实践中，都存在一些误解。因此，实在有必要进行正本清源。

一、新闻特稿的概念与特征

（一）何为新闻特稿

首先需要明确的是，新闻特稿是特稿的一种。那么，什么是特稿呢？

不同的英语词典对特稿的界定大同小异。

《剑桥词典》：特稿是报纸或杂志针对某一议题的专题文章，或广播、电视上的专题节目（A special article in a newspaper or magazine，or a part of a television or radio broadcast，that deals with a particular subject）。[②]

《柯林斯词典》：特稿是报纸或杂志上的专题文章，或广播、电视上的专题节目（A feature is a special article in a newspaper or magazine，or a special programme on radio or television.）。[③]该辞典还有“特稿故事”词条，其定义为：1. 报纸或杂志对一个人、事件或重大事件的某一个方面等的报道。与硬新闻相比，特稿故事通常带有个人倾向，并以个人风格撰写；2. 杂志中主要或最突出的故事（1. A newspaper or magazine article or report of a person，event，an aspect of a major event，or the like，often having a personal slant and written in an individual style Compare follow-up，hard

---

① RICKETSON M. Writing feature stories：how to research and write newspaper and magazine articles［M］. Sydney：Allen & Unwin，2004：1.

② Feature story［EB/OL］.（2021-09-30）［2022-03-01］. https：//dictionary.cambridge.org/zhs/%E8%AF%8D%E5%85%B8/%E8%8B%B1%E8%AF%AD/feature.

③ Feature story［EB/OL］.（2021-09-30）［2022-03-01］. https：//www.collinsdictionary.com/zh/dictionary/english/feature.

news，news story. 2. The main or most prominent story in a magazine）。[①]

在线词典（Dictionary.com）："特稿故事"是真实故事，不是硬新闻，而是关于一个人、事件或重大事件的某方面更具个人色彩的报道。这些故事通常以文章的形式出现在报纸、杂志和其他出版物上，但也经常出现在其他媒体上，如电视、广播和播客。（A feature story is a factual story that is not hard news but is instead a more personal report about a person，event，or aspect of a major event. Feature stories typically appear as articles in newspapers，magazines，and other publications，but they are also frequently featured in other media，such as TV，radio，and podcasts.）[②]

我们可以看出，特稿某种程度上可以等同于专题或专稿，不一定是故事；而特稿故事则是有风格的故事。

此外，特稿诞生于美国，但美国学界的认知并不一致，大体上对特稿的界定都略显宽泛。

凯利·莱特尔等认为："Feature 一词对记者而言有多种意义……它是指以人情味为基础的新闻报道——那些不适合硬新闻的严格标准的报道。"[③]门彻则认为，特稿是写来供娱乐和告知的。作者通过个人的动作和意见来传递故事。[④]另一位研究者说得更全面："与硬新闻不同，特稿处理'软新闻'，探索发现我们周边的人、地、大事小事。特稿聚焦于人们感兴趣的题材，包括娱乐、意外、风云人物、动物、文化事件……尽管大多数特稿作品不会直接影响观众的生活，但它们还是很有吸引力的。相反，它们呈现了社区和世界的现实生活。与硬新闻不同，特稿可以是'常青树'，可能不必像硬新闻那样强调时效性。"[⑤]

因此有一种说法：美国新闻报道分为硬新闻（也叫消息或突发性新闻）和特稿（分为新闻特稿和非新闻特稿）。[⑥]在一些教材中也能看到类似的看法：

1. 新闻报道和特稿之间并没有一条明确的分界线，特别是在今天，很多新闻事件都被"特稿化"了……特稿是多种类型的软新闻报道的总称。特稿有介绍人物，

① Feature story［EB/OL］.（2021-09-30）［2022-03-01］. https：//www.collinsdictionary.com/zh/dictionary/english/feature-story.

② 该词典基于《兰登完整词典》（*Random House Unabridged Dictionary*），并不断更新。Feature story［EB/OL］.（2021-09-30）［2022-03-01］. https：//www.dictionary.com/browse/feature-story.

③ LEITER K，HARRIS J，JOHNSON S. The complete reporter［M］. 7th ed. London：Pearson Education Inc，2000：68.

④ 门彻 . 新闻报道与写作（插图第 11 版）［M］. 展江，主译 . 北京：世界图书出版公司，2013：182.

⑤ KUEHN S A，LINGWALL A.The basics of media writing：a strategic approach［M］.London：SAGE，2018：267.

⑥ 毛家武 . 普利策新闻奖特稿作品研究（1979-2011）［M］. 成都：西南交通大学出版社，2012：33.

使报道人性化，增加色彩、教育、娱乐或阐释的作用。特稿的首要目的不是报道新闻，而是在概述前一个新闻时段报道的新闻的基础上增加一些新的信息。它可以独立成文，或作为主要新闻报道的补充或新闻链接。①

2. 可根据篇幅来识别特稿，它们要比新闻报道的篇幅长，通常在600~2000字（英文）；而且，特稿大量使用事实框（fact box）、图片、图形和插图；更重要的是，特稿利用了比新闻报道更为广泛的信息来源。②

特稿作为一个较宽泛的概念，其类型是多样的，也是众说纷纭的。

1. 普利策新闻奖特稿奖创设时（1979年）将特稿的类型分为个人专栏、体育特稿、人物专访（interview-profiles）、亲历记（first-person experience stories）和其他故事。③但当年却颁给一篇科学故事。

2. 特稿的类型：人物专访、趣闻猎奇故事、时尚特稿、深度报道、背景报道（新闻分析）。④

3. 特稿的类型：特写（colour piece）、观察记（fly on the wall）、幕后（behind the scenes）、暗访（in disguise/undercover）、专访（interview）、人物小传（profile）、指南（how-To）、事实框 / 年表（fact box / chronology）、背景（backgrounder）、书摘或访谈逐字稿（full texts）、自述（my testimony）、事件分析（analysis）、随机访问 / 专家意见（vox pop/ expert roundup）、民调（opinion poll）、评论（review）。⑤

4. 特稿的类型：新闻特稿（news features）、深度人物故事（in-depth profiles）、人情味故事（human interest stories）、科学故事（science stories）和数据故事（data storytelling）等。⑥

我们可以看出，特稿其实是一个集合体，包含了多种类型（如新闻特稿、特写等）。另外，它的写作特征亦比较明显：讲究写作的技巧。

值得注意的是，虽然有人将特写归入特稿，但二者并不是对等关系，而是包含关系。中国的报刊往往用“特写”“专稿”等词来代指“特稿”。比如《新闻学大辞

① 伊图尔，安德森. 当代媒体新闻写作与报道［M］. 6版. 贾陆依，华建昌，译. 北京：中国人民大学出版社，2006：164–165.

② 佩普，费瑟斯通. 特稿写作：从入门到精通［M］. 周黎明，译. 北京：中国人民大学出版社，2011：3.

③ FISCHER H，FISCHER J E.Complete historical handbook of the Pulitzer Prize system（1917–2000）［M］. München：DE GRUYTER SAUR，2003：181.

④ 伊图尔，安德森. 当代媒体新闻写作与报道［M］. 6版. 贾陆依，华建昌，译. 北京：中国人民大学出版社，2006：165.

⑤ DAVID R. The universal journalist［M］. London：Pluto Press.2000：240.

⑥ MEIER K.7 examples of engaging feature stories［EB/OL］.（2019–11–20）［2021–03–01］. https：//shorthand.com/the-craft/engaging-feature-stories/index.html.

典》对特稿的解释是，“特稿，即特写”；“西方的特写与中国的特写有所不同。在西方，特写更多是指一种趣味性报道，旨在给读者以‘精神享受’。在更广泛的意义上，西方报纸上的特写是指除消息、广告、社论之外的所有文章，其内涵比中国的特写驳杂得多”[①]。

这样的解释可以说是半对半错。特稿是一个舶来品，但特写是中国传媒界的惯用词，二者不能等同。比如特写（或新闻特写）是指：1. 新闻素描，一种以描写为主要手法，摄取新闻事实中最富有特征和表现力的片断和场面，形象地再现新闻事件或新闻人物的报道形式；2. 选择故事的某个局部、片段，甚至某一个情节或细节，对选取的部分着力去描写。新闻特写分为人物特写和场景特写。其特征非常明显：镜头感、透视感（以小见大，典型化）和现场感。也就是说，新闻特写就像新闻记者拿了一个长镜头相机，呈现放大的特定场景或人物。另外，新闻特写篇幅也不会太长，一般一两千字。业界有时把特写归类为消息。

（二）新闻特稿“特”在何处

新闻特稿是特稿的一种。

在新闻奖项的设置方面，我们来看看美国新闻业最高奖——普利策新闻奖评委会对新闻特稿的界定。从创设特稿奖开始，相关界定呈现了一些“变”与“不变”。

1979 年（创设年）：“优先考虑颁给文学质量高和原创性强的杰出作品”（For a distinguished example of feature writing giving prime consideration to high literary quality and originality）。[②]

2015 年：“什么是特稿？特稿故事不是硬新闻，而是以其写作质量为特质。特稿故事因其报道、技艺、创造力和简洁表达而被人铭记”（What belongs in Feature Writing? Stories that are not hard news and are distinguished by the quality of their writing. Stories should be memorable for their reporting，crafting，creativity and economy of expression）。[③]

2019 年，普利策新闻奖征集作品的官方指南对特稿的界定没有多少变化：“以写作质量为特色的非硬新闻故事。故事因其报道、技艺和创造力而被人铭记。”（Non-

---

① 甘惜分. 新闻学大辞典［M］. 郑州：河南人民出版社，1993：130.

② FISCHER H–D，FISCHER J E.Complete historical handbook of the Pulitzer Prize system（1917–2000）［M］. München：DE GRUYTER SAUR，2003：181.

③ 普利策新闻奖官网，http：//www.pulitzer.org/files/entryforms/2015journalismguidelines2.pdf，获取时间：2015 年 9 月 1 日。

hard-news stories distinguished by quality of writing. Stories should be memorable for reporting，crafting and creativity.）[①]

上述界定明确了新闻特稿的几个特征：

1. 它不是硬新闻（硬新闻指注重时效性的事实信息，用规范、客观的语言写作）。

2. 注重写作的技巧。人们因为其报道、技艺、创意及精简表达而对它铭记于心。普利策新闻奖对特稿的界定中，不变的是强调写作技巧。

中国学界对新闻特稿的界定，大多强调以下几点特征：

1. 新闻性

新闻特稿的新闻性首先表现在它也具备基本的新闻价值要素，如时效性、重要性、接近性、显著性和趣味性等。

其次，新闻特稿是新闻作品，是对新近、正在或即将发生的事件的报道。它也要具备新闻作品的基本属性：真实、准确和客观。

新闻特稿的文学性和故事性都是以新闻性为前提的。

2. 故事性

一般的新闻作品只要将新闻事件叙述出来即可。而新闻特稿，在尊重事实的前提下，需要作者写出新闻事件发生过程中的故事，更强调角度新颖，能够逼真地描写细节，生动地传达事实真相。

3. 文学性

根据美国普利策新闻奖评委会的要求，特稿作品要有高度的文学性和创造性。

文学性是新闻特稿区别于其他新闻体裁的主要特征。新闻特稿可以综合运用多种文学叙述手法，也可以借鉴散文、小说等文学作品的创作手法，让故事中人物和事件的发展更引人入胜。

此外，新闻特稿比较注重结构，注重布局谋篇，精心安排情节发展。新闻特稿篇幅较长，一般在 5,000 字以上，为写作者提供了足够的空间。

4. 深刻性

深度报道概念诞生于 20 世纪 40 年代，是报纸为应对电子传媒竞争而产生的。它运用调查、解释、分析和预测等方法，从历史渊源、因果关系、矛盾演变、影响作用和发展趋势等方面报道新闻。

它突破了一人一地一事的报道模式。一面剖析事实内部，一面展示宏观背景，

---

① 普利策新闻奖官网，https：//www.pulitzer.org/page/2019-journalism-submission-guidelines-requirements-and-faqs，获取时间：2019 年 10 月 13 日。

把握真实性，着重揭示原因（why）和怎么样（how）两个新闻要素。

严格地说，深度报道不是一种新闻体裁，而是一种新闻理念。在大多数教科书（包括本书）中，未将新闻特稿列入深度报道范畴。但实际上，就报道的深度来看，新闻特稿是可以归为深度报道的。

5. 人情味

与“趣味性”（character of interest）相比，“人情味”（human interest）的含义指向相对明确，它侧重于表现新闻中与人性相关的内容。①

新闻特稿中的人情味主要体现在报道内容和报道手法两个方面。就内容而言，新闻特稿的人情味特点体现为人文关怀和妙趣横生两个方面。人文关怀，是指新闻特稿的报道主题、思想内容都具有人性化的鲜明特点，关注新闻事件中的人及人的命运。一般特稿相当注重快乐的人情味，但普利策新闻奖的特稿作品却极少追求，大多属于悲剧报道，弥漫其中的是浓浓的、悲情的人情味。

在报道手法方面，新闻特稿的人情味体现在创新求异和极具主体意识两个方面。在谈及 1979—1997 年普利策新闻奖特稿获奖作品时，戴维·加洛克曾说：“几乎没有两篇作品的写作方式雷同。”极具主体意识，是指新闻特稿作者的情感表达更加外露，个性色彩较浓。有些新闻特稿作品直接采用第一人称，表达自己的感情和想法，有些新闻特稿写的就是自己的经历，个性色彩十分浓重。因此，1979—1997 年普利策新闻奖特稿获奖作品虽然写作方式不雷同，但“它们的确有共同之处：强烈的情感和内容——富有力度、让人感动、让人恐惧、让人痛苦”。②

6. 公共性

新闻特稿的这一特点很容易被人忽略。

公共性是指新闻特稿故事里蕴含着对一些公共政策或一些现象的探讨。以李海鹏写的《举重冠军之死》为例，虽然文章主要讲一位前举重冠军退役后的窘迫生活，但也在探讨如何对退役运动员进行就业指导和合理安置的问题。

新闻特稿旨在呈现特定事件中或特殊遭遇下普通人的反应或应对，并不像调查性报道那样致力于发现社会运行中的乱象，进而改变运行规则。但新闻特稿通过呈现特定情境对普通人生命轨迹或生活方式的改变，进而让读者产生对现行制度或政策的思考。

---

① 曹晚红，杨凤娇 . 新闻特稿写作［M］. 北京：中国传媒大学出版社，2017：6-8；13-15；毛家武 . 普利策新闻奖特稿作品研究（1979-2011）［M］. 成都：西南交通大学出版社，2012：43.

② 加洛克 . 普利策新闻奖 · 特稿卷［M］. 多人，译 . 北京：新华出版社，1999：1.

（三）新闻特稿不是通讯

需要指出的是，业界容易将通讯与特稿等同，这是不对的。

通讯是中国特有的新闻体裁。传统的通讯包括人物、事件、工作和风貌通讯四种，近年来又有人将社会观察通讯添列其中，但实际上一些社会观察通讯应是新闻特稿。

我们来看看新闻特稿与通讯的异同。

相同之处：二者都是深入、详细报道新闻的新闻体裁。

不同之处：

1. 通讯强调教育功能和思想启迪作用，新闻特稿重视可读性

人物通讯往往报道先进模范人物，事件通讯、工作通讯和风貌通讯也大多将重要性、思想性和政策性作为标准选择题材。通讯的长处是思想性、指导性强，弊端是选材过于严肃、报道面窄小。

而新闻特稿之“特”就在于用文学手法达到“以情动人”的目的。通过报道，其能够让读者产生情感的共鸣和阅读的快感，具备打动人心的力量，能够对抗时间的流逝，对抗新闻的易碎性。

2. 描绘与议论——表现手法的差异

相关研究显示，中国新闻奖通讯获奖作品相当一部分运用了议论和抒情，描写的比例仅占 8%。另外，中国的通讯作品中，叙述、描写、议论和抒情并重。

但西方新闻界强调新闻写作要客观，所以新闻特稿主张用事实说话，主要通过叙述与描绘的手法来展现事物的特征。①

另有学者认为，“从表面上看，特稿似乎与人物通讯接近：重故事性和细节描写。实际上二者大相径庭。其一，特稿一般写凡夫俗子，通讯可用于制造神迹。其二，特稿是信息取向，通讯是信息和观点甚至抒情的杂糅。其三，特稿是权利取向，面向普通公民，通讯往往是权力取向，面向和取悦既成体制。其四，特稿是新闻文体，秉持一切细节的客观性，通讯是宣传和文学杂糅的文体，伴随着整体和细节的客观失真和主观想象”②。

因此，新闻特稿不是新闻特写，也不等同于通讯。

---

① 曹晚红，杨凤娇．新闻特稿写作［M］．北京：中国传媒大学出版社，2017：11.

② 展江．新闻文体范式革命的引领者 // 杨瑞春，张捷．南方周末特稿手册［M］．广州：南方日报出版社，2012：3.

二、新闻特稿的题材选材

明确了什么是新闻特稿后，对实践来说，最重要的问题是哪些题材可以写成特稿。对这一问题，国内教材认识并不统一。

有人把新闻特稿的题材分为：

1. 非限时性社会事件特稿

主要以国内外重大新闻事件为关注焦点，通常作为消息报道的背景信息或补充材料出现，旨在为受众理解复杂新闻事件提供深层次的信息解读。

2. 社会各色人物的特稿

主要以人物（个体或群体）为报道核心，反映他们的人生际遇、生存状态与精神世界，使读者从一段段婉转曲折的人物故事中体悟到生活的悲喜和无奈，感受到生命的坚持与不屈，找寻到继续前行的力量和勇气。

不仅关注上层社会中的名人、明星，也聚焦于底层社会中的寻常百姓，且通常以后者为主要发掘对象。

3. 日常生活话题的特稿

既可以是对某一社会现象、问题的深入探讨，也可以是对衣食住行、家长里短和人情琐事的延伸化解读。

4. 自然现象与人类活动的特稿

主要关注人类生产活动对其自身生存环境的影响，如全球变暖、水土流失、住所迁徙和灾害频发等问题。①

也有人将选材范围分为：

1. 社会事件

旨在详细报道社会上发生的新闻事件，展现新闻事件发生和发展的相对完整的过程，显示事件的内在逻辑和社会意义。社会事件分为普通社会事件和重大新闻事件。

这类题材的新闻特稿通过解释或提供背景资料以补充信息，帮助受众更好地理解复杂的新闻事件，并获得更深层次的新闻信息。《南方周末》刊发的《灾后北川残酷一面》② 即选择了 2008 年汶川大地震这一重大新闻事件。

2. 个体人物或特定人群

通常来说，新闻特稿中，社会人物特稿更加关注普通人的故事，关注他们生活中的酸甜苦辣，通过对普通人的生活际遇、人生态度以及不同生活状态的描写，反

---

① 白贵，彭焕萍．当代新闻写作［M］．2 版．北京：中国人民大学出版社，2018：97.

② 李海鹏，陈江．灾后北川残酷一面［N］．南方周末，2008-05-22（1）.

映大时代的背景和精神，并使读者通过阅读感受他人生活的悲喜，映射自我，得到对生活的感悟与启示。

3. 社会现象与社会问题

这类新闻特稿以较为系统、深入地报道社会现象或揭露社会问题为主旨。这类题材并非一夜之间出现的，却是受众关心的、可能影响受众生活的重要问题，因其长期存在且具有共性而值得报道。比如大城市病（空气污染、堵车、房价高等），不婚族等。

4. 自然环境与自然现象

题材涉及人类自身的生产活动对自然造成的影响及变化，如动物迁徙、全球变暖、自然灾害等。

这类新闻特稿旨在让受众认识并反思自身行为，从而达到保护自然，营造人与自然和谐相处的环境的目的，具有公益性。①

综观各种题材分类，虽然有同有异，但大抵可归入以下几个大类：人物类、事件类和社会类（包括社会现象和社会话题）。

1995 年 1 月 6 日，《冰点周刊》创刊，主编李大同写了如下发刊词：

本报 1995 年每周二、五的第八版定为"特稿版"，今天正式和读者见面了。

什么叫"特稿"？也没有个约定俗成的说法。无非是在选题、采访和写作上多下点苦功夫就是了。本版内容将包括新闻大特写、专题研究以及少量的好文章。力求融重要性、启发性和可读性于一身。

……

起这个名儿（指"冰点"），并非想哗众取宠，而是想以此来鞭策我们自己，在不放弃社会"焦点""热点"的同时，更多地去关注尚不那么显著的人群和事物；更多地关注普通人的生存状态和想法；更多地发表一些人所未言的真知灼见。总之，离读者、离青年近些、更近些。②

作为国内媒体特稿实践的先锋，《冰点周刊》在懵懂中抓到了新闻特稿题材选择的精髓：偏重普通人、普通事。而这些故事的呈现与受众有接近性或相关性。"冰点"相对"热点"而言，虽然关注度弱些，却可能产生经由选题策划、精心制作的作品，从而能对抗信息的易朽。

---

① 曹晚红，杨凤娇 . 新闻特稿写作［M］. 北京：中国传媒大学出版社，2017：52–56.

② 李大同 . 冰点故事［M］. 桂林：广西师范大学出版社，2005：54–55.

多年的实践证明，《冰点周刊》的剑走偏锋实际上实现了新闻产品的差异化策略，从而铸就了风格鲜明的品牌形象。

以普利策新闻奖作为标杆，我们可以看看它的特稿获奖作品（见表 3-1）的题材选择特点。

表 3-1 普利策新闻奖特稿获奖作品目录（1979—2023）[①]

整理：张玉洪

获奖年份	作品标题	记者及所属媒体机构	作品内容	获奖原因	题材性质
1979	*Mrs. Kelly's Monster* 《凯利太太的妖怪》	Jon D. Franklin，Baltimore Evening Sun（巴尔的摩晚报社）	一脑外科手术专家为凯利做脑手术，最终失败	敏锐的观察力与扎实的报道，巧妙地运用了时间和患者稳定的心跳来营造文章的节奏感与紧张的气氛	悲剧
1980	*Zepp's Last Stand* 《Zepp 的最后一站》	Madeleine Blais，Miami Herald（迈阿密先驱报社）	“一战”老兵 Zepp 用了近六十年，与国防部抗争，最终让其承认自己当时拒服兵役并非由于懦弱而是基于道德原因	过去与现在、叙述与描写交叠，大胆而创造性地展开了一个立体的故事	悲剧
1981	*The Death of a Playmate* 《玩伴之死》	Teresa Carpenter，Village Voice（乡村之声）	女演员/模特 Dorothy Stratten 被枪杀	通过剖析女模特和三个男性的关系，向上流社会的价值观发起挑战	悲剧
1982	*the federal bureaucracy* 《联邦政府的官僚机构生活》	Saul Pett，Associated Press（美联社）	联邦政府的一些荒唐现象	用“超然的幽默”剖析官僚机构	负面
1983	*toxic shock* 《中毒性休克》	Nan C. Robertson，The New York Times（纽约时报社）	作者从中毒性休克中死里逃生的故事	小故事＋医学性描写，让读者真切体会	中性
1984	*Making It Fly* 《飞起来》	Peter Mark Rinearson，The Seattle Times（西雅图时报社）	波音 757 飞机研发、生产与推广的故事	用 29000 字，大量细节糅合而成，如小说般扣人心弦	中性

① 曹晚红，杨凤娇．新闻特稿写作［M］．北京：中国传媒大学出版社，2017：209–216；毛家武．普利策新闻奖特稿作品研究（1979–2011）［M］．成都：西南交通大学出版社，2012：59–61．需要指出的是，2004年、2014年特稿奖作品空缺。普利策新闻奖特稿获奖作品详见其官网，https：//www.pulitzer.org/prize-winners-by-category/211，2019年11月20日。所列相关报道的记者姓名未译为中文，因为直译为中文颇为牵强，于读者而言亦无意义，列陈英文原名，便于读者搜索与查询相关记者的信息。——编者注

续表

获奖年份	作品标题	记者及所属媒体机构	作品内容	获奖原因	题材性质
1985	*A Boy of Unusual Vision* 《生为盲童》	Alice Steinbach，The Baltimore Sun（巴尔的摩太阳报社）	盲童学会像正常人一样生活	刻画可视场景，增加大众对特殊群体的了解	悲剧
1986	*Life on the Land: An American Farm Family* 《一个美国农场家庭的生活》	John Camp，St. Paul Pioneer Press and Dispatch（圣保罗先锋新闻报社）	20 世纪 80 年代美国大萧条以来农业最大危机，一个美国农场家庭如何应对	给读者营造了一个平等视角和思考空间	悲剧
1987	*How Super are Our Super-carriers?* 《我们的超级航母超级在哪里？》	Steve Twomey，The Philadelphia Inquirer（费城问询报社）	超级航母上的生活	用事实、细节和数据呈现超级航母的巨大	中性
1988	*AIDS in the Heartland* 《艾滋病在 Heartland》	Jacqui Banaszynski，St. Paul Pioneer Press and Dispatch（圣保罗先锋新闻报社）	一对生活在农村农场的同性恋艾滋病患者的生与死	当时正是美国艾滋病高峰时期，报道以人文主义关怀，消除了误解和敌视	悲剧
1989	*Being Black in South Africa* 《生为南非黑人》	David Zucchino，The Philadelphia Inquirer（费城问询报社）	南非黑人的悲惨生活状况及他们为之做出的斗争	在政府的限制与监控下，记者走访了南非黑人居住区，报道在那里遭到拘禁、侵扰、杀害的南非黑人们	悲剧
1990	*Adam & Megan* 《亚当和梅根》	Dave Curtin，Colorado Springs Gazette Telegraph（科罗拉多斯普林斯公报社）	一个父亲和两个孩子在爆炸中被毁容后，接受治疗和重新融入社会	展现了人类在困境和灾难中的一种新的生命状态和生存意志	悲剧
1991	*A Gift Abandoned* 《弃婴》	Sheryl James，St. Petersburg Time（圣彼得斯堡时报社）	一工厂女工遗弃新生婴儿的故事	用回忆手法，大量使用对话和可视化情节呈现弃婴	悲剧
1992	*Grady's Gift* 《黑人女佣 Grady 的礼物》	Howell Raines，The New York Times（纽约时报社）	作者与儿时的黑人女佣间的友谊	散文体报道，描述美国南部一个种族隔离政策最为严厉的城市中，白人与黑人的关系问题	正面
1993	*The Stalking of Kristin* 《跟踪 Kristin》	George Lardner Jr.，The Washington Post（华盛顿邮报社）	作者的小女儿无辜地被前男友杀害，而凶手逃脱了法律制裁的故事	克制的报道。报道直击国司法系统的无能	悲剧

续表

获奖年份	作品标题	记者及所属媒体机构	作品内容	获奖原因	题材性质
1994	1. *First Born, Fast Grown: The Manful Life of Nicholas* 《穷人的孩子早当家》 2. *The Mississipi Reclaim Its True Domain* 《密西西比河在收复失地》 3. *Cruel Flood: It Tore at Graves, and at Hearts* 《洪水无情：撕开了坟墓，撕碎了心》	Isabel Wilkerson，The New York Times（纽约时报社）	芝加哥南部贫民窟黑人小孩 Nicholas 的艰难生活；1993 年密西西比河大洪水	用独特视角生动展示普通人在异常艰苦条件下毫不气馁、坚韧不拔的精神风貌	悲剧
1995	*Against All Odds* 《被排斥的优等生》	Ron Suskind，The Wall Street Journal（华尔街日报社）	一个竭力在恶劣的内地高中求得生存的聪明少年进入麻省理工预科班，但最终未入读麻省理科	反映了逆境中奋发上进的少年群体	悲剧
1996	1. *Another Battle of New Orleans: Mardi Gras* 《新奥尔良的另一场战争》 2. *Terror in Oklahoma City: At Ground Zero* 《俄克拉荷马州的恐怖爆炸》 3. *A Killer's Only Confidant* 《凶手的唯一知己》 4. *All She Has*—$150, 000—*Is Going to a University* 《她把所有的 15 万美元都捐给了大学》 5. *Where Alabama Inmates Fade Into Old Age* 《亚拉巴马州的垂暮囚犯何去何从》	Rick Bragg，The New York Times（纽约时报社）	系列报道反映美国当代社会	深刻反映美国社会现状	正面、负面和中性报道均有
1997	*The Umpire's Sons* 《裁判的儿子们》	Lisa Pollak，The Baltimore Sun（巴尔的摩太阳报社）	一位棒球裁判承受丧子之痛，另外一子也面临这一致命的遗传性疾病的威胁	对坚忍的父亲和整个家庭进行了细致的刻画，精彩而有感染力	悲剧
1998	*Angels and Demons* 《天使与魔鬼》	Thomas French，St. Petersburg Times（圣彼得斯堡时报社）	在佛罗里达州度假时，一位母亲和俩女儿被杀，此案调查长达三年	对整个事件进行了充满同情心的叙述	悲剧

续表

获奖年份	作品标题	记者及所属媒体机构	作品内容	获奖原因	题材性质
1999	*Crime Scene* 《面对枪口》	Angelo B. Henderson，The Wall Street Journal（华尔街日报社）	一个药剂师遭遇抢劫后自卫，击毙了黑人抢劫者	反映出暴力犯罪对公众的影响	悲剧
2000	*Crossing Over* 《跨越》	J.R. Moehringer，Los Angeles Times（洛杉矶时报社）	亚拉巴马州一片孤立的临河社区，重新开通的渡船改变奴隶后裔们的生活	呈现了偏远社区的景象	中性
2001	*The Boy Behind the Mask* 《蒙面的男孩》	Tom Hallman，Jr.，The Oregonian（Portland，Oregon）（俄勒冈人报社）	一位 14 岁男孩冒险接受面部整形，术后康复的故事	展现人们在苦难前的坚韧	悲剧
2002	*A Father's Pain, A Judge's Duty, and a Justice Beyond Their Reach* 《父亲之痛，法官之责——无法实现的公正》	Barry Siegel，Los Angeles Times（洛杉矶时报社）	一男子因疏忽导致三岁的儿子死亡，受审后自杀。法官陷入深思	对受审者和审判者进行了人性化的刻画	悲剧
2003	*Enrique's Journey* 《Enrique 的旅程》	Sonia Nazario，Los Angeles Times（洛杉矶时报社）	洪都拉斯男孩 Enrique 偷渡美国，寻找母亲的旅程	感人的亲情故事	悲剧
2005	1. *A Wicked Wind Takes Aim* 2. *Milestone's Gone* 3. *Afer the Storm's Fury* 《飓风席卷小镇 Utica 系列报道》	Julia Keller，Chicago Tribune（芝加哥论坛报社）	飓风席卷伊利诺伊州小镇 Utica 的故事	致命性飓风仅 10 秒，报道细致且扣人心弦	悲剧
2006	*Last Salute* 《最后一次敬礼》	Jim Sheeler，Rocky Mountain News（落基山新闻报社）	一名海军少校帮助在伊拉克战争中阵亡的士兵家庭渡过难关	仔细刻画了少校通知阵亡士兵家属的心理过程	悲剧
2007	*An Imam in America* 《一个穆斯林阿訇在美国》	Andrea Elliott，The New York Times（纽约时报社）	一个阿訇从埃及移民美国后的故事	系列报道呈现“9·11”后美国穆斯林移民如何协调传统与美国生活	正面

续表

获奖年份	作品标题	记者及所属媒体机构	作品内容	获奖原因	题材性质
2008	*Pearls Before Breakfast* 《早餐前的赏心乐事》	Gene Weingarten，The Washington Post（华盛顿邮报社）	《华盛顿邮报》安排知名小提琴家在地铁车站表演，试探行人的反应	反映快节奏的现代都市社会中人们的麻木和冷漠，试图唤起人们对美的感受	中性
2009	*The Girl in the Window* 《窗边的女孩》	Lane DeGregory，St. Petersburg Times（圣彼得斯堡时报社）	被遗弃而独居的幼童故事	用白描手法描述了一个细致而令人感动的故事。它描述了一个囚禁在满是蟑螂的屋子、被人遗忘、无法说话、生活不能自理的小女孩	悲剧
2010	*Fatal Distraction* 《致命的粗心》	Gene Weingarten，The Washington Post（华盛顿邮报社）	一对父母因将孩子遗忘在车后座，从而犯下了后悔一生的错误。人生因此改变	父母的过失行为导致的结果是可怕的。但这是否构成犯罪？	悲剧
2011	*The Wreck of the Lady Mary* 《玛丽号渔船大西洋历险记》	Amy Ellis Nutt，the Newark Star-Ledge（纽瓦克星报社）	一条渔船在大西洋神秘沉没，导致六人丧生	让人身临其境，体会主人公的痛苦与绝望	悲剧
2012	*The Bravest Woman in Seattle* 《西雅图最勇敢的女人》	Eli Sanders，The Stranger（Seattle）（西雅图陌生人报社）	一对女同性恋遭遇持刀男子强暴的故事	真实还原很多暴力、血腥情节，引发人们对同性恋群体的关注	悲剧
2013	*Snow Fall-The Avalanche at Tunnel Greek* 《雪崩：特纳尔溪事故》	John Branch，The New York Times（纽约时报社）	华盛顿州发生一场雪崩，致三名滑雪者丧生	报道增加了视频、图片、3D地图和图表，给受众创造了数字化、身临其境的故事体验	悲剧
2015	1. *Dream dies in Drought* 《梦碎旱灾》 2. *Drought Imperils a Dream* 《干涸的梦》 3. *Sinking land and Hearts* 《心与土地同裂》 4. *Wells full of Generosity* 《慷慨之井》 5. *Carrying a Town's River* 《小镇的水之梦》	Diana Marcum，the Los Angeles Times（洛杉矶时报社）	加州中部峡谷地区发生大旱灾，严重影响人民生活	充满人道主义精神，让人们感觉到天灾前人们的互助情义	悲剧

续表

获奖年份	作品标题	记者及所属媒体机构	作品内容	获奖原因	题材性质
2016	*The Really Big One* 《卡斯卡底古陆断层线破裂》	Kathryn Schulz，The New Yorker（纽约客杂志社）	从地质、科学、环境、历史等多个领域对“幽灵森林”——卡斯卡迪亚断层（Cascadia Fault）线进行了描述	被誉为环境报道与写作不可多得的杰作	中性
2017	*The Fighter* 《战士》	C.J.Chivers，The New York Times（纽约时报社）	主角 Sam Siatta 从阿富汗战争退役后饱受 PTSD（创伤后应激障碍）的折磨，陷入不可自控的暴力	通过巧妙的事实积累和细节，展现了海军陆战队员战后陷入暴力。这并不只是简单的犯罪行为或者创伤应激障碍的典型案例	悲剧
2018	*A Most American Terrorist: The Making of Dylann Roof* 《美国第一恐怖分子是怎么炼成的》	Rachel Kaadzi Ghansah，freelance reporter，GQ（GQ 杂志社）	Dylann Roof 在伊曼纽尔非裔卫理公会教堂杀害 9 人的故事	对令人难忘的杀人犯进行了肖像般的描述，运用独家、有力的采访素材，第一人称的回忆，结合当时历史、文化背景，分析了他在伊曼纽尔非裔卫理公会教堂杀害 9 人的动机	悲剧
2019	1. *A Betrayal* 《背叛者》 2. *He Drew His School Mascot — and ICE Labeled Him a Gang Member* 《他把学校当盾牌——美国移民海关执法把他当黑帮成员》 3. *The Disappeared* 《消逝》	Hannah Dreier，ProPublica（非营利机构“助力民众”）	对于纽约长岛上的萨尔瓦多移民（Salvadoran immigrants）的一系列叙述。他们的宁静生活被国际犯罪团伙 MS-13 打破了	系列报道对移民们被扰乱的生活进行了有力、个性化的叙述	悲剧
2020	*Guantánamo's Darkest Secret* 《关塔那摩最黑暗的秘密》	Ben Taub，The New Yorker（纽约客杂志社）	美国俄勒冈州国民警卫队的史蒂夫·伍德（Steve Wood）被派到关塔那摩湾执行任务，从而接触到毛里塔尼亚人萨拉希无辜成为“恐怖分子”且被关押十年之久的故事	对于一个在关塔那摩湾拘押中心被绑架、折磨和剥夺自由长达十年之久的人的令人震惊的叙述，融合了现场报道和散文笔法，提供了美国全面反恐战争的微妙视角	悲剧

续表

获奖年份	作品标题	记者及所属媒体机构	作品内容	获奖原因	题材性质
2021	1.*Twelve Minutes and a Life* 《12分钟与一生》 2.*"When can we really rest?"* 《我们何时才能真正安歇？》	1.Mitchell S. Jackson，freelance contributor 2.Nadja Drost，freelance contributor，The California Sunday Magazine（加州星期日杂志社）	1. 佐治亚州一名黑人男子（Ahmaud Arbery）被无故枪杀的故事。 2. 记录了22人（喀麦隆人和巴基斯坦人）徒步穿越达连隘口（Darién Gap）①的旅程。这是世界上最危险的移民路线之一	1. 通过生动的写作、透彻的报道和个人经历，揭示了美国系统性的种族主义。 2. 这是一篇关于全球移民的勇敢而扣人心弦的报道	1. 悲剧 2. 悲喜剧
2022	*Twenty Years Gone* 《二十年过去了》	Jennifer Senior of The Atlantic（大西洋月刊杂志社）	“9·11”恐怖袭击后，一个家庭20年来一直努力应对失去的一切	对一个家庭自“9·11”恐怖袭击以来20年的伤痛进行了不懈的呈现，并巧妙地将作者个人和敏感的报道内容融为一体，揭示了悲伤的长期影响	悲剧
2023	1. *Anger and heartbreak on Bus No. 15* 《15路公交车上的愤怒和心碎》 2. *The moral calculations of a billionaire* 《亿万富翁的道德考量》 3. *An American education* 《美国的教育》 4. *Fixing the broken lovelies* 《修复破碎的爱》	Eli Saslow of The Washington post（华盛顿邮报社）	在新冠疫情期间，美国一些普通人面临的困难与挑战	关于人们与疫情、无家可归、毒瘾和不平等对抗的令人回味的个人叙事，构成了当代美国的一幅令人瞩目的画卷	悲剧

梳理普利策新闻奖的获奖特稿作品，发现绝大多数作品讲述的都是个体或群体的故事，而且有以下特点：

① 达连隘口，又译达里恩丛林，位于巴拿马的达连省和哥伦比亚乔科省之间，长160公里，宽50公里。20世纪30年代建设泛美高速公路（贯穿整个美洲大陆的公路系统。北起阿拉斯加，南至火地岛，全长约48,000公里）时，唯一没有完工的部分就是达连。缺掉的这段路后来被称为“达连隘口”。这里没有路，只有沼泽和丛林，是毒蛇、鳄鱼，走私犯、毒枭和民间武装出没之地。它是“世界上最未知的区域之一，也是世界上最危险的地带之一”。这里被试图徒步从南美洲前往北美洲的移民描述为最危险和最困难的移民线路之一。据报道，踏上这条险路的移民多半是海地人和古巴人。

1. 普利策新闻奖特稿作品以悲剧为主

根据上述统计，1979—2023 年间的 45 篇获奖作品中，有 34 篇为悲剧故事，占比达 75%。较为集中的题材有：凶杀暴力、司法不公、腐败、贫困、自然灾害、疾病痛苦等。

但是，有研究者指出：它们不同于一般的负面报道，更不是煽情报道，它们不低俗，不媚俗，不是“恶之花”。悲剧报道的基调大多哀而不伤，有浓厚的悲剧审美的蕴含，注重表现悲剧新闻人物闪亮的人性光辉，以激发受众心灵深处的悲悯性、悲愤性和悲壮性，具有沉思之美①。

2. 获奖作品以人物特稿为主

这些人大致包括以下几类：1）灾难、战争或社会大变动中的普通人；2）与疾病及生理缺陷抗争的普通人；3）道德上存在争议的普通人；4）与种族、贫富等社会问题相关的人；5）犯罪活动中的受害者。

3. 主要呈现小人物的悲剧

其中，儿童、女性与老人居多。报道的人物无非是少数族裔，或妇女、儿童、老人、病人、低收入者等弱势群体。特稿选题对美国弱势群体权益保障问题的高度重视，从另一侧面体现了选题与美国社会问题的高度关联，彰显了新闻工作者深沉的人文关怀意识②。

4. 以正面报道手法报道国内外重大题材（硬新闻）的仅 6 篇，占 20%

5. 小人物，大主题

报道的虽是小人物，间接反映的却是时代大主题。相关人物故事折射的是美国的种族问题、枪支问题、非法移民问题和宗教问题等。③

通过梳理普利策新闻奖历年获奖的特稿作品，我们很容易发现，在题材方面，特稿往往偏好悲剧题材，通过小人物的命运反映时代大主题。在特稿中，对人性的挖掘是不变的动力。其中，“苦熬”与“抗争”是故事主人公常见的生活状态。也就是说，不是什么题材都适合写成特稿。

《巴尔的摩太阳报》记者乔恩·富兰克林以作品《凯利太太的妖怪》成为普利策新闻奖首届特稿写作奖得主。他曾经总结道：“一个故事蕴含了一系列情节，当一个令人同情的人物偶然碰到错综复杂的情境，而他（她）又不得不面对和解决

① 毛家武．普利策新闻奖特稿作品研究（1979–2011）［M］．成都：西南交通大学出版社，2012：前言．

② 毛家武．普利策新闻奖特稿作品研究（1979–2011）［M］．成都：西南交通大学出版社，2012：前言．

③ 毛家武．普利策新闻奖特稿作品研究（1979–2011）［M］．成都：西南交通大学出版社，2012：60.

时，行动就发生了。故事正是由一连串这样的行动所构成的。”① 如果在“一个人物”“一个故事”基础上增加“多个人物”“多个故事”，富兰克林的总结更符合普利策新闻奖特稿作品的特点。

在笔者看来，在逆境中的人性挣扎是能引发共情的重要题材。这种共情极易超越国界、阶级和阶层。因此，我们看到普利策新闻奖特稿作品绝大多数都呈现这样的题材，再加之选择的人物多是弱势群体，放置在特定时代背景下，从而达到了与官方历史互补的“史记”之效果。

梳理普利策新闻奖的所有获奖特稿作品，我们发现绝大多数作品讲述的都是个体或群体的故事。这与《冰点周刊》是相似的。稍有不同的是，虽然都是聚焦普通人的故事，但普利策新闻奖获奖特稿作品中的故事，不仅有“冰点故事”，也有“热点故事”。

就国内新闻业的特稿实践来说，无论《冰点周刊》，还是《南方周末》，在题材选择上都遵循普利策新闻奖的旨趣。

一位特稿记者提出的特稿选题标准呼应了上述判断：

1. 从叙事学角度审视故事的质地。包括情节的复杂度、冲突的激烈与否、人物形象的丰满度、可选择的叙述方法等。通俗地说，就是故事好不好看，带不带劲儿？

2. 故事背后是否指向一些公共性问题？特稿的基础是故事，但不是所有故事都能成为特稿。王宝强婚变再精彩绝伦，也只会是猎奇的宠儿。因为它没有公共性，也就是没有足够广的群体关联和公共利益影响。什么是公共性问题？食品安全、环境污染、恶性犯罪、城乡二元差异等。

更形象地说，特稿故事应该是“花瓶状”，入口很窄，一旦进入，内里将足够辽阔。这也是特稿为什么反对宏大叙事的原因之一。

3. 是否折射一些终极意义？即在故事和问题以外，能否抵达更具哲学色彩、相对永恒的层面。例如人性、正义、伦理、价值观、文明冲突、人类命运等。②

应该说，这样的判断是对的③：

所有被称为伟大的故事，都来自伟大的创意，几乎在所有伟大的故事创意中，都有一种人性的展现。

① 加洛克 . 普利策新闻奖 · 特稿卷［M］. 多人，译 . 北京：新华出版社，1997：1.

② 叶伟民 . 一个新闻故事的诞生［J］. 新闻与写作，2018（2）：101–103.

③ 布隆代尔 . 华尔街日报是如何讲故事的［M］. 徐扬，译 . 北京：华夏出版社，2006：213.

三、新闻特稿的写作技巧

新闻特稿借鉴文学作品的写法。这一做法源自美国20世纪60年代的“新新闻主义”（new journalism）。记者、作家汤姆·沃尔夫（Tom Wolfe，1930年3月2日—2018年5月14日）开始在新闻写作中尝试用小说的写作技巧，被誉为“新新闻主义之父”。他编辑过《新新闻主义》（*The New Journalism*，1973）一书，著有《真材实料》（*The Right Stuff*，1979年）等书。

作家本·雅戈达在1997年的非虚构选集《事实的艺术》中写道：“在汤姆·沃尔夫之前，美国新闻业从未有这么一位实践者，能够将天赋、大胆、学习、调查和极致的观察融合得如此完美。”

作为《时尚先生》（*Esquire*）的撰稿人，汤姆·沃尔夫曾于1972年在该杂志撰文《为什么他们不再写伟大的美国小说了？——关于各种现实经验的论述》[①]，专门谈及他对改造传统新闻写作的看法。

汤姆·沃尔夫自称，“说实话，我从来都不喜欢这个词。任何以‘新’命名的运动、团体、政党、纲领、哲学或理论都是在自找麻烦。历史的垃圾船上已经充满了它们：新人文主义、新诗、新批评、新保守主义、新边疆、新时代……然而，‘新新闻主义’这个词最终还是流行起来了。当时是60年代中期，人们只知道突然间新闻界出现了某种艺术激情，这本身就是一件新鲜事”。

汤姆·沃尔夫提到，在20世纪60年代，“你可以看到记者们从零开始，向巴尔扎克、狄更斯和果戈理等作家学习现实主义写作的技巧。通过反复试验，通过‘本能’（instinct）而非理论，记者们开始发现赋予现实主义小说独特力量的各种策略（device），如‘直接’（immediacy）、‘可感现实’（concrete reality）、‘动情’（emotional involvement）、‘扣人心弦’（gripping）或‘有趣’（absorbing）”。

记者们发现，这种非凡力量主要来自四种写作技巧。

1. 最基本的做法是一个个场景的构建（scene-by-scene construction）：通过从一个场景转换到另一个场景来讲故事，而非依赖历史叙述。因此，倡导新新闻主义的记者们有时会实现报道的非凡壮举——他们亲眼看见他人生活的场景。

2. 完整地记录对话。一些为杂志写作的人，像早期的小说家一样，学到了这一招：真实的对话比任何其他单一技巧都更能彻底地吸引读者。另外，它比其他技巧在建立和框定人物角色上更快和更有效（小说家狄更斯有一种让角色入脑的方法：他用两三句话描述人的外形，别的都是通过对话）。

---

① WOLFE T.Why they aren’t writing the great american novel anymore［J］.Esquire，1972（12）：152.

3.“他者视角”（third-person point of view），即通过特定人物的眼睛将每一个场景呈现给读者，让读者有身临其境的感觉，体验特定人物的真实情感。记者经常使用第一人称（first-person point of view）视角——“我在那里”——就像自传作家、回忆录作家和小说家一样。然而，这对记者来说是非常有限的，因为他只能将读者带入一个角色——记者本身——的视角中，但它往往与报道的故事无关并让读者恼火。

然而，一个记者写非虚构作品时，怎么能准确地洞察另一个人的想法呢？答案很简单：记者采访他（她），了解其所想和所感，以及其他的一切。

4. 注重细节记录。也就是说，要记录日常的态势语（gestures）、习惯、礼仪、风俗、家具风格、着装、配饰、旅行方式、饮食、守家，对待孩子、仆人、上级、下级和同龄人的行为方式，再加上场景中可能出现的各种相貌、眼神、姿势、行走方式和其他象征性细节（彰显对方的财富和地位）。

应该说，汤姆·沃尔夫总结了“新新闻主义”风潮下记者们的实践，其实是叙事策略的传承：向小说家们学习如何写现实主义题材作品。比如“第三人称视角”，和小说创作的全知全能视角一脉相承。在《杀死一只知更鸟》一书中，有一段对话印证了这一视角的独特性。

Atticus 对 Scout 说：“首先，如果你能学会简单的一招，你就能和各种各样的人相处得更好。你永远不会真正了解一个人，除非你从他（她）的角度考虑问题——直到你钻进对方的身体，并游走其中。”①

在复旦大学新闻学院教授陆晔看来，在中国，年轻的特稿 / 非虚构写作者们多多少少都受到汤姆·沃尔夫及其新新闻主义的影响。《南方周末》《冰点周刊》2000 年前后的一大批优秀特稿作品，如《野马的故事》《举重冠军之死》《系统》《回家》《无声的世界杯》等，或多或少与此相关。②

不过，如果回溯中国大陆新闻界的新闻特稿创作实践，我们会有“摸石头过河”之感，汤姆·沃尔夫总结的写作技巧逐渐被广泛运用。

在策划《冰点周刊》第一篇特稿《北京最后的粪桶》时，李大同在与记者王伟群交流时发现：“我才注意到我以往忽略的一个大问题——由于记者极少有写整版报道的机会（大多数记者毕生都没有这种机会），他们完全没有这方面的训练，不懂得一篇近万字的报道和‘本报讯’、小通讯之间的巨大差别。长篇报道必须要有结

① LEE H.To kill a mockingbird［M］.New York：Popular Library，1960：34.

② 陆晔 . 汤姆·沃尔夫及新新闻主义的现实价值［EB/OL］.（2018-05-16）［2019-11-20］.https：//www.thepaper.cn/newsDetail_forward_2133595.

构；在行文和遣词造句上，也不能用寻常的新闻语言。这样长的一篇叙述，要有节奏，而这，不是一天半天能够练就的本事。”①

有意思的是，曾任《南方周末》记者、《南方都市报》首席记者的南香红也曾说过：“当我被作为写特稿典型的时候，我一直在说，其实我真不知道什么叫特稿。”不过，她通过实践对特稿写作提出了有见地的认知：

1. 特稿是一种选择

特稿之特不是因为它比一般的报道长，也不是因为它更细致的写作，而是它观察世界的角度，它所追寻的内容的不同。

特稿是这样一种认识的产物：要理解人与事，至关重要的是语境，尤其是那些含混的语境。

很多题材是自觉的选择，它们完全可以是另外一个样子的，或者被认为根本就不值得关注，但事件背后的深层的东西，往往是特稿所关注的。所以特稿的深，就不是一般意义上的深。

2. 特稿是一个好故事

好故事应该包含戏剧性、冲突性、独特性、唯一性等要素，但最主要的，我认为是延展性和复杂性。

这个故事并不具有爆炸性的、冲击力的质素，它只是安静的、常态的，但它却有足够的深度、广度和复杂度，它就有了特稿的特质。

3. 特稿需要洞察与发现

对于某件事情大家都认为是新闻时，媒体一拥而上，而特稿可能是在大家都认为不是新闻的时候，你发现其中的要义。

在一些别人不关注的、陌生的领域发现一些对社会进程产生重大影响的新闻，从凝固的历史中发掘流动的新闻，从流动的生活中发掘历史的蕴含。一个旧闻完全可以变成新闻。

洞察与发现实际上是对新闻的理解和判断。②

另一位特稿记者、编辑叶伟民则结合创作经验指出：

特稿的“写”是系统工作的结果，是在建立信息优势后的重组和厚积薄发。毕竟我们不是在写小说，不需要拼想象力。故事就在那儿了，你只需给读者提供琳琅满目的“料”，并把它说准确、精彩和有趣。

---

① 李大同 . 冰点故事［M］. 桂林：广西师范大学出版社，2005：51.

② 南香红 . 特稿不只是精准，还需要精采［EB/OL］.（2016-05-04）［2019-11-20］.https：//gy.qq.com/original/story/story068.html.

文学技巧当然能为特稿增色，但任其泛滥则是另一种灾难。特稿写作必须、一定、必定是戴着镣铐跳舞，因为有真实性的巨大限制，这个至高无上的铁律，将惩罚一些不安分的笔触。

打个比方，如果我写小说，我可以信手拈来一个《百年孤独》式的开头——多年以后，面对末日四骑士，老王将会回想起母亲带他去见识雪莲的那个遥远的下午。这是没问题的。但如果是特稿，我采访老王："你当时想啥咧？"老王说："俺啥也没想。"以上所有技巧都坍塌了。①

因此，特稿重视文学性是没错，但讲真实的故事压倒一切。这一点，在普利策新闻奖特稿作品中也呈现出来。研究者发现，新新闻主义对普利策奖特稿的影响体现在三个方面：细节说话、新闻故事化和密集采访。在新闻作品中过于追求文学性，把握不当，有时也会损伤新闻的内在特质②。

因此，新闻特稿的产制需要匠心和耐力，优秀的特稿作品并不是唾手可得的。一方面，题材的选择很重要，需要呈现一个人或一个群体在特定情境下的精神状态与生活状态；另一方面，记者需要穷尽所有可能去搜集素材，并将其完美地呈现出来。

举例来说，2015 年普利策新闻奖获奖作品为"加州大旱灾"系列报道。该系列报道共五篇，从发表时间看，时间跨度超过半年。这些文字报道由记者 Diana Marcum（戴安娜·马库姆）一人完成。其走进乡村和城镇，认识农民和小镇居民并认真倾听，一个个鲜活的人物故事才最终浮现出来。

四、新闻特稿作品案例分析

优秀的新闻特稿作品不胜枚举，普利策新闻奖的获奖作品是西方媒体的标杆。在中国，《冰点周刊》和《南方周末》也曾经和正在刊出优秀的新闻特稿作品。

在这一部分，我们选择了中美两家媒体各一篇作品进行分析：一篇是《南方周末》刊出的《举重冠军之死》，另一篇是普利策新闻奖获奖作品《恩里克的旅程》。

① 叶伟民.一个新闻故事的诞生［J］.新闻与写作，2018（2）：101-103.

② 毛家武.普利策新闻奖特稿作品研究（1979-2011）［M］.成都：西南交通大学出版社，2012：前言.

（一）中国媒体新闻特稿案例

举重冠军之死[①]

《南方周末》北京记者站　李海鹏

> **开篇：**
>
> 采用类导语的形式，概要呈现报道内容及要旨。
>
> 虽然标题是零度写作，但开篇用了场景描写、议论两种方法。

由于睡眠呼吸暂停综合征，多年受困于贫穷、不良生活习惯、超过160公斤体重的才力[②]麻木地呕吐着，毫无尊严地死了。在生前最后四年，他的工作是辽宁省体院的门卫，在他死去的当天，家里只有300元钱。

对于这位心地单纯、开朗乐观的冠军来说，退役后的5年是一生中最郁闷的时期，他不仅受困于运动生涯带来的各种痛苦的顽疾，更受困于家庭琐事、地位落差和生活压力。而更根本性的郁闷，既来自两个地方、两个时代的寂寞与喧哗的对比，也来自他一生都无法脱离举国体育体制。

母亲感到不祥的早上

这天是5月31日，早上4点，布谷鸟刚叫起来，商玉馥梦见儿子喊她："妈呀，妈呀，你给我蒸俩肉馅包子吧，给那俩人吃。"在梦中，老太太最初以为儿子又像往常一样饿了，可是一阵突如其来的心慌让她猛然害怕起来。果然，儿子马上又重复了那句让人难以理解的话："给那俩人吃！"商玉馥惊醒了，透过没有窗帘的窗子看了看微明的天色，心里堵得难受，叫起了老伴才福仲。这天清早老两口心情压抑，在租住的郊区房附近的野地里，紧抿着嘴，一言不发地走，一走就是好几个小时。等他们回到家，吃了稀饭，就接到了儿子的电话。

---

① 李海鹏 . 举重冠军之死［N］. 南方周末，2003-06-19（25）.2006年3月28日，李海鹏在个人博客上转载该报道时感慨地说："举重冠军好像特容易倒霉，不是搓澡就是死掉。光我自己就采访过3个举重冠军倒霉的故事。第一个是女子世界冠军，通过了奥运选拔赛，马上就该去奥运会拿金牌了，结果江苏籍的首长把名额给了江苏籍运动员，她只好回家看电视去了；第二个是男子亚洲冠军才力，穷死了；第三个是才力的老婆。其实没得过冠军的举重运动员的下场更差。早点儿退役的还好点儿，晚了就歇菜了。不能把青春献给只想使你的人啊。"尽管才力的妻子刘成菊曾在多个场合表示"国家并没有不管我们"，但正是这篇报道以及才力的悲剧让后来的体育界逐步有了完善的退役运动员保障措施。另一个溢出效应是：2017年，才力之女、16岁的才巾涵称自己患甲状腺双侧乳头状癌晚期，因为家庭困难，其母亲也身患重病，无力支付自己的治疗费用，所以发起筹款，目标金额为60万元。几天时间里她称收到捐款100多万元。

② 才力（1970年6月30日—2003年5月31日），辽宁昌图人，中国举重运动员。1985年9月，才力在全国首届青运会举重比赛中，获得110公斤以上级冠军。1990年，才力在第十一届亚运会上，摘取亚运冠军，打破亚洲纪录。才力一生共获得全国冠军40多个，亚洲冠军20多个，是名副其实的"亚洲第一力士"。2003年5月31日，过于肥胖的才力因患呼吸睡眠暂停综合征致"肺内感染呼吸衰竭"病逝，年仅33岁。

早在头一天夜里，刘成菊就在担心丈夫的忍耐力。他睡眠呼吸暂停综合征的宿疾早已培养了刘成菊的警觉，像往常一样，头一天半夜她突然醒来，及时地看到才力巨大的胸膛艰难地起伏着，由于只呼不吸，憋得面色发青。她赶紧找来那台辽宁省体院付账的价值6800元的小型呼吸机，给他戴上，打开到中档刻度“10”。才力又睡着了，房间里顿时充满了突然顺畅但仍粗重的呼吸声。借助这间朝北房间里的夜色，刘成菊看到丈夫汗水涔涔的皮肤，结婚5年以来已经数不清是第几次，深刻地意识到他活得有多么辛苦。

“我想我儿子了。”在走过苞米田时，商玉馥对老伴倾诉说。才福仲没有吭声，但这个沉默的男人甚至比妻子更觉得难受。当这对夫妇打开锁，回到在长白乡的租赁屋里时，在沈阳市铁西区艳粉新村24楼501号，他们儿子一家起床了。

那是5月最后一天的8点钟，沈阳正是初夏的天气，家里人走来走去，没有谁特别注意到才力瓮声瓮气的抱怨：“上不来气儿，脑袋疼。”由于忙于给全家人做饭，刘成菊也没有意识到，丈夫的烦恼已经预示了可怕的危险。在这套75平方米的按揭房里住着6口人：才力夫妇、女儿、刘成菊的父母和外甥张宝珠。8点半，全家开饭，吃的是辣椒土豆片、炒鸡蛋、黄瓜蘸酱和米饭，刘成菊由于常年消化不良，只好吃1元钱3个的馒头。菜是才力的岳父刘敬玺昨天黄昏在菜市场临下市时买的便宜菜，一共花了4元7角。异常的是，以往食量惊人的才力这天早上什么都没吃。刘成菊觉得家里太乱，又怕才力真有什么病传染给孩子，就撵丈夫说：“你到长白去吧。”长白就是才力父母赁屋居住的长白乡。

刘成菊事后对因自己的口气而与丈夫发生的一点儿口角后悔不迭。才力给商玉馥打电话说，“妈，我上你那儿去。”换上鞋，走了。

“一个小时一年”

“才力要来啦，”早上梦境带来的不安一下子消散了，比儿子更为贫穷的商玉馥对丈夫宣布说，“去买4斤五花肉，咱们给儿子吃红烧肉和粽子”。

因为不能报销，才力打车从来不要发票，所以那天第一个载他的出租车司机已经没法找到。当天早上闲待在院子里的居民们，都看到160公斤的才力摇摇晃晃地

报道结构：

如果以每个小标题为一部分，全报道共分为四个部分。

在逻辑顺序上，总体上是以时间先后顺序进行叙事：

第一部分的时间点是去世头一天及当天清晨，第二部分的时间点是当天上午，第三部分的时间点则是当天下午，第四部分的时间点是当天晚上。

一般来说，在报道体裁中（除小故事外）用时间先后顺序叙事是忌讳，有记流水账之嫌。

报道者显然意识到这一点，因此在第三部分穿插了借钱的情节，从而实现主题的深化，有递进之效。

此外，在叙述过程中，亦有时空交错的设计（比如添加才力已经死亡这一信息）。

上了车，车身因此剧烈地一沉。一种莫名的担忧和惆怅，使得刘成菊站在窗口，目睹了这一幕，但她没有意识到这就是永别。

商玉馥的脸上刻满了黑色的、愁苦的皱纹，但她有着乐观的天性，回忆起快乐的往事时，甚至会像一个娇小的姑娘一样挥舞双手，雀跃一下。在接电话时，她跟儿子开玩笑说："发啥烧啊，你不是得非典了吧？"

才力到达是在差 5 分钟 9 点。他穿着蓝色无袖 T 恤，白色棉短裤，趿拉着一双 37 码的廉价白胶鞋，有点儿轻咳，但看上去精神不错，像往常一样非常乐观。

父母租住的是一间非常简陋的屋子，摆了两张大床，地面是水泥的，墙壁看上去至少有 10 年没有修缮过，除了一台没接有线、没有天线的长虹电视机之外，没有别的家电。才力喝了一口急支糖浆，睡了半个小时，然后就跟父母一起坐在靠窗的那张床上聊天。与消瘦、体弱、外向的妻子相比，才福仲身体很结实，明显地沉默寡言，更多的是在听妻子与儿子谈话。这天他们聊了 5 个小时，主要是回忆起往日生活中的乐趣，尤其是才力退役 5 年中的事情，商玉馥后来痛苦地总结说，"一个小时一年"。

时近中午，她让儿子吃饭，但是在生命中的最后一天，这个一向食量惊人的男人几乎什么都没吃，甚至连红烧肉和粽子也不能吊起他的胃口。下午两点半，商玉馥又一次催促儿子去医院，才力磨蹭着不愿意去，留恋地说："再唠唠嗑，走了就回不来了。"早在 1999 年，医生就告诉过商玉馥，她儿子随时可能死去，因此这句话让她特别敏感。她气恼地质问说："这叫啥话？"

才力意识到自己说错了话，大声地争辩说："住院就隔离了，能回来吗？又不是死！"

他揣着母亲给的 20 元和父亲给的 100 元，打车去了中国医科大学附属医院，8 个小时后真死了。

为了一笔象征性住院费

按照路程判断，前亚洲冠军应该在下午 3 点钟之前到达中国医科大学附属医院，但直到一个小时后，在医院门口经营小卖店的刘思齐才看到他，第二天，当才福仲夫妇带亲友到太平间看望儿子时，他还向他们提起了才力走下红色出租车、走进医院的情景。

为了防范 SARS，进入呼吸内科的病房需要多项程序，因此才力不得不在挂号处滞留了半个多小时。此时才力面临的最大问题是，自己的钱只够看病，不够住院。由于父母都是这所医院的退休工人，因此从 1999 年第一次住院以来，院方一直很照顾他，这一次，大夫告诉他，住院费只需要象征性地先交一点儿就行。但是才力裤兜的钱连这“一点儿”也不够。

刘成菊是在下午5点接到丈夫的电话的，她盘算一下了家里的钱，只有300元。

邵永凤今年68岁，住在才力家楼下的二楼，那天晚上6点钟刚过，她听到敲门声，开门一看是五楼的老头儿刘敬玺来借钱，“我女婿才力住院了”。邵永凤本来有550元钱，但儿子下午去买鞋，拿走了200元，只剩350元。刘敬玺想了想，借了300元。

就在岳父借钱的这个当口，像是一栋被侵蚀太久的庞大建筑物，才力的健康状况突然间开始崩塌了。刘敬玺拿着300块钱站在走廊里，正在考虑该再向谁开口的时候，他的女婿进了病房，在住院记录上，他当时的血氧分压值已经只有20，血细胞却高达17000，已经显示出呼吸衰竭的征兆。稍早前拍的X光片被送了过来，呼吸内科专家康健看了看，肺部已经有了明显可见的浸润阴影。

刘敬玺这时发现自己借钱很难。才力贷款购买的房子就在艾敬唱过的艳粉街上，小区由一个滑翔机场改造而成，路面残破，空地上堆积着碎石和砖头，任何人只要一望，就可知道这是个廉价街区，居民们普遍没什么钱。事实也确实如此，对于350块钱一平方米的补差价，回迁户们觉得已经太高。

康健教授事后回忆看到X光片时的感受时说：“当时就知道没救了，肺部几乎没好地方，什么都晚了。”他觉得如果早一些送到医院，才力本可以避免死亡。才力一直拖延没有就医，事实上正是因为缺少医资。亲人和朋友都猜测，那天他到父母家实际上是希望能借些钱的，但始终没能开口——父母收入微薄，宁可赁屋居住也一再帮衬他，让他早已惭愧不已。

这一切家人还都不知道。刘敬玺已经又借了100元。七点多，天已经擦黑了，马玉芹正在艳粉新村的铺面里卖一天中的最后几个馒头，刘敬玺急匆匆地走过来请她帮忙。马玉芹跟老头儿并不熟，但觉得他很可靠，就从自己的450元钱里拿出400元借给了他，两张百元钞票，其余的是零钱。

这时，最初的药物治疗已经失效了。“上呼吸机。”康健说。护士把管子插到才力的气管里，呼吸机开始工作，暂时代替了他的肺。

七点半，才力的病情平稳下来，抢救告一段落。拿着800块钱的刘成菊和外甥张宝珠赶到了医院，但因严格的SARS预防措施而被阻挡在病房外，院方说只能进一个人。刘成菊到门口买了两瓣西瓜、一瓶纯净水和一瓶鲜橙多，让外甥送进去，嘱咐说，“让他开机”。

这是才力最后的清醒时刻，他打开了手机，跟妻子通了最后一个电话。刘成菊问：“力力，你怎么样啊？”才力回答说：“正呼吸呢。”对于他来说，“呼吸”几乎是个医学名词，专指依靠机械的辅助进行呼吸。夫妻二人聊了会儿体己家常，刘成菊哭了，然后说，没事就好，先挂电话吧。赶在妻子挂机之前，才力说出了最后的遗言：“别哭，别哭。”

第二天早上8点，二楼的邵永凤又听到敲门声，开门一看又是刘敬玺，脸色发黑，手里攥着300块钱。她问他：“你着急还啥呀？”老头儿痛苦的回答把她吓了一跳：“才力死了。”

沉重身心的最终解脱

在退役后的5年中，才力一直被各种各样的烦恼包围着。从1998年起，除了后来致死的呼吸疾病，腿伤和腰痛都没有停止过对这个大力士的折磨，少年时代在手掌和颈背做的肉茧手术造成了后遗症，常常疼得他汗流浃背。命中注定地，自打1990年在北京亚运会达到个人事业的顶峰之后，他就不由自主地滑落下来。贫穷曾使他买不起肉，偶尔吃一次，全家都因肠胃不适而呕吐。在与人聊天时，说不到20分钟，他就会突然睡着。他尽量不穿袜子，怕弯腰时猝死。为了省钱也为了锻炼身体，他每天都以160公斤以上的体重骑自行车上下班，结果自行车就压坏了十几辆。因为过胖，他在找工作时受到事实上的歧视。

邻里琐事与家庭纷争也使他烦恼。父母家他难得去一次，而自己家，由于保安工作需要值班，他待的时间也并不长。

最现实又最经常的烦恼是钱，家庭纷争常常与此有关。由于月收入只有1200元，工资卡又由妻子掌握，才力经常囊空如洗，养成了买东西尽量赊账的习惯。在他工作的辽宁省体育运动技术学院附近，有好几个小商店都向他赊销过日常生活用品。在他死去的第7天，父母两人挨店逐铺地还了800多块钱。

这一切烦恼，在外甥张宝珠第二次进病房时，事实上已经解脱了。

那天晚上9点，看到他病情平稳，父亲才福仲和妻子刘成菊就都回了家，张宝珠暂时留下陪护。才福仲刚到家坐下，就接到张宝珠的电话，“快来吧，病重了。”刘成菊刚进家门脱了鞋，手机就响了，“我姨夫不行了，你快回来”。

张宝珠第二次进病房是在夜里10点，医生告诉他才力在睡觉。他推门进去，却看见才力仰躺在床上，嘴巴里满是泡沫，枕头湿了一大片，他使劲拍才力，但是没有任何反应。从这时起，才力就再也没有醒来。由于长期低氧、睡眠呼吸暂停综合征、身体肥胖、血压高、肺高压、心血管系统比较薄弱，可能诱发了心血管系统并发症，才力先是意识丧失，随后心脏停搏。第二天是女儿的节日，一周后是结婚5周年纪念日，但是生命的时间表已经排定。赶在午夜之前，冠军与五月一起离去了。

刘成菊赶回病房是在夜里 11 点多，看到医生们正在做胸压，心电图显示一条水平线。她愣住了，“觉得还能救回来”。

从被布谷鸟惊醒的梦中脱身出来之后 19 个小时，商玉馥看到梦境的征兆变成了现实，她走进病房，第一眼就看见才力只穿着一条内裤，姿势僵硬地仰面躺在病床上。一种不祥的预感让她本能地尖叫起来：“哎呀！快给他穿上裤子！”

这时病房里所有的家属都看见，一直俯身做胸压的护士停止了动作，转过身来对他们说：“你们准备后事吧。”他们在最初的一段时间里都没有听懂这句话，就像被截断了一条肢体之后以为它还在那里，很难相信自己已经失去了什么。

【作品点评】

1. 选题

2003 年 5 月 31 日，才力病逝，年仅 33 岁。见报日为 2003 年 6 月 19 日。

选题兼具新闻性和时效性。

报道对象选择到位，可折射大时代下风云人物（亦是小人物）的命运变迁。

2. 采访要到位

“巧妇难为无米之炊。”对报道写作者来说，素材搜集不到位，是不可能写好扎实又优秀的作品的。

《举重冠军之死》正是因为通过全景式的观察与采访，作者搜集了大量的素材，从而能够多视角地呈现一个冠军突然逝世的前前后后。这种“全知全能”视角，有助于阅者对事件有总括性的认识。

3. 细节，细节，还是细节

特稿对场景描写与细节抓取有特别的偏好。从某种程度上说，“细节决定真实”。

4. 行文逻辑

虽然时间顺序为主轴，但在报道中，时空有交织，从而实现复线甚至多线叙事，产生了信息的交响。

稍显不足的是，第三部分与第四部分关于钱的素材是可以整合在一起的。

（二）美国媒体新闻特稿案例

《恩里克的旅程》
（节选）

【作品点评】

1. 选题特点

小切口，大主题。通过一位少年以偷渡的方式到美国与非法移民的母亲团聚，折射大时代背景下弱势群体的真实生活。这一旅程，是见证人生艰辛的旅程，也是为了亲情而不计代价的旅程。

恩里克的故事，无论是从时代性来说，还是从亲情的话题性来说，都符合特稿题材的要求。

纳扎里奥说："我通常决定要写的主题（通常是社会问题）时，会与该领域的专家交谈，直到发现该主题中有了一些新动向。然后，我会寻找叙事线索来讲述这个新故事。""我之所以选择恩里克，是因为他的经历是孩子们试图到达美国与母亲团聚的典型经历。他经历了饥饿、被抢劫和殴打，并花了几个月的时间试图生存，所有这些都是为了有机会再次与他的母亲在一起。更重要的是，恩里克愿意讲述他的故事。他很开诚布公。他从未因为我想听什么而讲什么。""我去了拉雷多（Nuevo Laredo）并与他待了一段时间，发现因为母亲不在身边，他缺少关爱，因而吸毒。我所在的《洛杉矶时报》编辑说，读者不会自比天使，反倒自认自己和他人一样，不完美。他说，的确，文学中最好的人物总是有缺陷的。讨论之后，我决定讲恩里克的故事。"①

2. 结构

本书所引中译文并非完全遵照全文的结构。查询报道原文，我们可以看到，全报道分为六个部分，每部分都有标题，而"尾声"（原文为 Conclusion，可译为结语）实为第六部分的最后一部分（见表 3-2）。

表 3-2 《恩里克的旅程》全文结构

部分序号	标题（英文）	标题（中文）	发表日期
一	The Boy Left Behind	弃离的男孩	2002.9.28
二	Badly Beaten，a Boy Seeks Mercy in a Rail-Side Town	深受打击，男孩在铁路小镇边求垂怜	2002.9.30
三	Defeated Seven Times，a Boy Again Faces ‘the Beast’	七次失败，男孩再次直面挑战	2002.10.1

① Author Q and A from Publisher’s Weekly［EB/OL］.（2006-02-01）［2019-11-20］.http：//enriquesjourney.com/about-sonia/q-a-with-sonia/.

续表

部分序号	标题（英文）	标题（中文）	发表日期
四	Inspired by Faith，the Poor Rush Forth to Offer Food	永葆信心，男孩为温饱而战	2002.10.5
五	A Milky Green River Between Him and His Dream	在他与他的梦想间，只有一条银绿色的河	2002.10.6
六	At Journey's End，a Dark River，Perhaps a New Life	旅程终点，黑河一条，可期的新生活	2002.10.7

从整个报道的结构看，作者是按时间顺序来写作的，也是按寻亲过程的每一个重要节点来分割整个报道的。

曾有一位评论者说，《洛杉矶时报》记者索尼娅·纳扎里奥把这篇报道写得“像一部悬念迭起的惊险小说”。这说明通过分期刊出，再加上故事的分割，能够吊起阅读者的求知欲望，事实上引导了阅读。

3. 写作特色

索尼娅·纳扎里奥在写作这个寻亲故事时，会给人一种幻觉：仿佛我们一直和恩里克在一起，共同面对种种艰难险阻。这种“在场感”与“亲历感”是特稿写作的魅力。

当然，这也与记者高超的构思与写作分不开。而要达到这样的效果，前期素材的搜集甚至实地体验是非常重要的。因为毕竟恩里克的旅程是过去式，记者是再现这一段故事。

时年 42 岁的纳扎里奥跑了多年的都市社会新闻，她很久以前就开始接触恩里克母子这样的来自拉丁美洲的偷渡客，了解到非法移民潮背后一个个破碎家庭的悲欢离合。

在长达 5 个月的采访中，纳扎里奥和《洛杉矶时报》摄影记者唐·巴特雷蒂沿着偷渡者的路线穿越了洪都拉斯、危地马拉和墨西哥等国家 31 个省份中的 13 个，先后搭乘长途汽车、货车、油罐车、卡车，和偷渡客一样躲避沿途的检查站、警察和专门袭击偷渡客的匪帮。

我们可以听听纳扎里奥的自述：

“我和恩里克一起在里奥格兰德州度过了两个星期。我昼夜不停地跟着他，采访了他。然后，我跟随他到北卡罗来纳州。经过几天的进一步采访，我得到了恩里克整个旅程的逐项细节。我采访了他的母亲、妹妹戴安娜和其他人。然后我去了洪都拉斯，在那里遇到了恩里克的其他亲戚。我完全像恩里克一样穿越中美洲和墨西哥。我乘公共汽车穿越危地马拉。我在墨西哥共搭乘了七次货运列车，人坐车顶上。和恩里克一样，在墨西哥边境，我也乘坐 18 个轮子的大货车。”

“在重建恩里克的旅程时，我尝试着紧随他的脚步，去观察和体验他所经历的事情。一路上，我采访了恩里克在旅途中遇到的许多人以及其他移民。”

“我想让读者感到自己和恩里克一样，趴在飞驰的火车顶上。为了达到这样的效果，我不得不亲自追溯他的旅程。我复盘了他的旅程：他在中美洲乘坐公共汽车的地方，我也乘坐公共汽车。他在墨西哥南部登上火车的地方，我也是。但是有时候我很害怕。在车上，非常嘈杂。有时候我身上很脏，有时候几个小时都不能去洗手间，有时酷热难受，还有时被冰雹刺伤。” ①

为了让读者有现场感，纳扎里奥通过采访、观察（fly on the wall）和重走旅程，全面、真实又逼真地再现了一段惊险旅程。一位特稿作者的总结是到位的：“对作者而言，具体写作前的采访过程同样起着十分关键的作用，往往会比写作更能影响作品的最终质量。正所谓‘七分采、三分写’。” ②

五、新闻特稿参阅作品

（一）图书

1. 南周特稿［M］. 上海：上海书店出版社，2011.

2. 杨瑞春，张捷 . 南方周末特稿手册［M］. 广州：南方日报出版社，2012.

3. 加洛克 . 普利策新闻奖・特稿卷［M］. 多人，译 . 北京：新华出版社，1999.

4. 毛家武 . 普利策新闻奖特稿作品研究（1979-2011）［M］. 成都：西南交通大学出版社，2012.

5. 布隆代尔 . 华尔街日报是如何讲故事的［M］. 徐扬，译 . 北京：华夏出版社，2006.

6. 罗强烈 . 镜像成灯：《中国青年报》特别报道［M］. 北京：中国青年出版社，2001.

7. 李宗陶 . 那些说不出的慌张［M］. 北京：商务印书馆，2015.

（二）报道篇目

1. 王伟群 . 北京最后的粪桶［N］. 中国青年报・冰点周刊，1995-01-06（8）.

---

① Author Q and A from Publisher's Weekly［EB/OL］.（2006-02-01）［2019-11-20］. http：//enriquesjourney.com/about-sonia/q-a-with-sonia/.

② 何瑶 . 特稿写作：七分采、三分写［J］. 新闻与写作，2017（12）.

2. 杨璐 . 诗人余秀华离婚 被问是否神经病［EB/OL］.（2016-03-15）［2019-11-20］. http：//news.sina.com.cn/c/zg/2016-03-15/doc-ifxqhmve9210450.shtml.

3. 李宗陶 . 中国制造：欲望时代的干露露们［J］. 南方人物周刊，2013（11）：36.

4. 张月 . 一个名字叫“喂”的女人［EB/OL］.（2020-11-04）［2019-11-20］. https：//mp.weixin.qq.com/s/vO3j9Btmw9QZJWXR0me03Q.

5. 张彦 .An American hero in China［EB/OL］.（2015-05-07）［2019-11-20］. https：//www.nybooks.com/articles/2015/05/07/peter-hessler-american-hero-china/.

6.DAN B，JEFFREY E S，TODD H. The case of Jane Doe ponytail［N］.New York Times，2018-10-12（1-2）.

六、本章思考题

1. 新闻特稿的写作技巧有哪些？

2. 新闻特稿的人物故事有什么特点？

七、实战演练

1. 通过阅读门户网站或报纸某一天的新闻，选择可以做新闻特稿的选题，并列出选题操作思路。

2. 搜集已经刊发的新闻特稿，判断其是否名副其实并分析其题材与写作特点。

Chapter 4

第四章　数据新闻

►本章要点

数据新闻并非全新的品种。它与20世纪60年代出现的精确新闻、20世纪90年代以来的计算机辅助新闻都有关。

数据是数据新闻的重要素材，但数据不等于数字。随着政府部门信息公开程度（国外多国的开放数据运动）的提高，数据新闻将会越来越多地呈现在媒体上。

数据新闻是通过数据讲故事，让数据可感，并建构与受众的关联。

作为一种新闻体裁，数据新闻也可以和调查性报道融合，成为数据调查性报道。

在大数据时代，数据是隐私，是商业资源，也是重要的新闻素材。当数据和新闻组合，就成为一种创新的新闻形态。

但数据新闻[①]（data journalism）并非全新的品种。《卫报》“数据博客”前任主编西蒙·罗杰斯（Simon Rogers）指出，英国《卫报》使用数据新闻的首个案例可以追溯到 1821 年（见图 4-1）。这个案例是一个表格，它列出了曼彻斯特各个学校的学生人数和其所付的学杂费用。它首次展示了接受免费教育的学生数量，而这个数字是远远高于官方数字的。

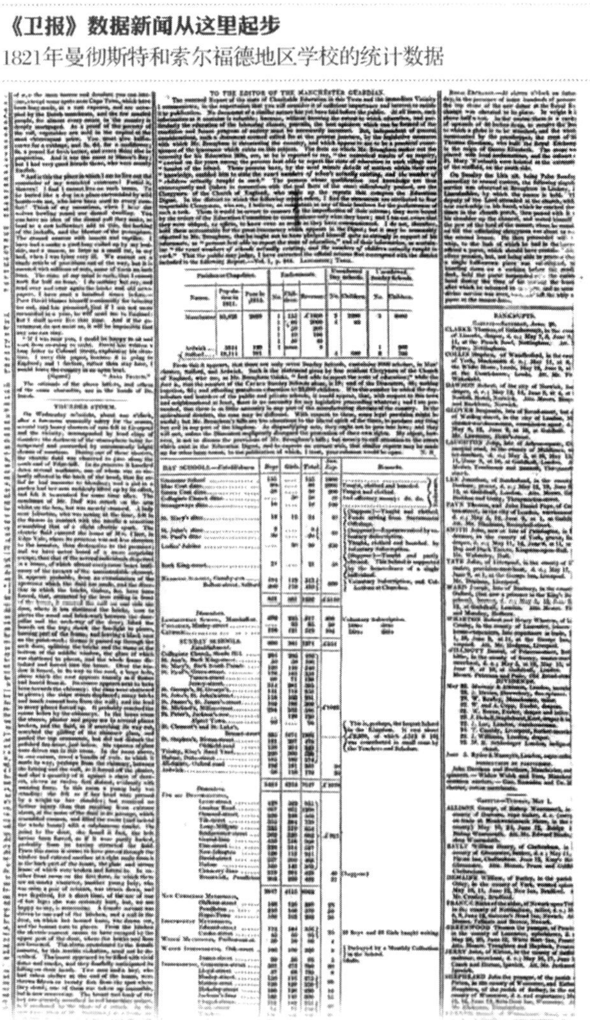

图 4-1 1821 年《卫报》的数据新闻[②]

---

① 中国台湾学界把“数据新闻”称为“资料新闻学”。

② 罗杰斯．数据新闻大趋势：释放可视化报道的力量［M］．岳跃，译．北京：中国人民大学出版社，2015：53.

另一个案例是佛罗伦斯·南丁格尔（Florence Nightingale）[①]于1858年绘制的“东方战争死亡原因示意图”。在她向议会提交的报告中，她使用图表来倡议改善英国军队的医疗服务。最有名的是她的“鸡冠图”（coxcomb，又称玫瑰图。见图4-2），其用盘旋上升的数据来展示每月死亡人数，这些数据突出了一个事实，那就是绝大多数人死于可以预防的疾病，而不是子弹。[②]

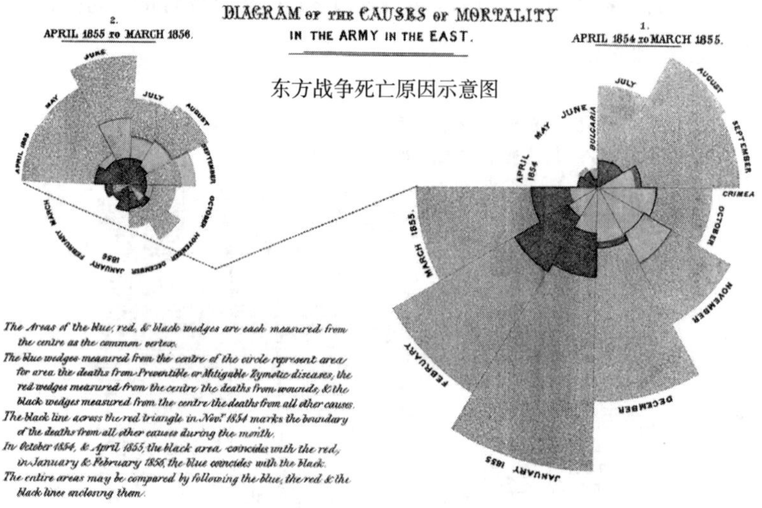

图4-2　佛罗伦斯·南丁格尔绘制的“东方战争死亡原因示意图”

现代意义上的数据新闻与20世纪60年代出现的精确新闻和20世纪90年代以来的计算机辅助新闻都有关。

随着政府部门信息公开程度（国外多国的开放数据运动）的提高，数据新闻将会越来越多地呈现在媒体上。

---

① 弗罗伦斯·南丁格尔（1820年5月12日—1910年8月13日），英国护士、统计学家。1820年，南丁格尔出生于意大利佛罗伦萨市，在德国学习护理后，曾到伦敦的医院工作。她于1853年成为伦敦慈善医院的护士长。克里米亚战争（1853年10月—1856年2月，在俄罗斯又称为东方战争）期间，南丁格尔于1854年10月21日和38位护士到克里米亚野战医院工作，成为该院的护士长，被称为“克里米亚的天使”，又称“提灯天使”。她极力向英国军方争取在战地开设医院，为士兵提供医疗护理。她分析过堆积如山的军事档案，指出在克里米亚战争中，英军死亡的原因是在战场外感染疾病，及在战场上受伤后缺乏适当护理而伤重致死，真正死在战场上的人反而不多。她更用了圆形图以说明这些资料。南丁格尔是世界上第一个真正的女护士，开创了护理事业。

② 相关案例来源:《数据新闻手册》（在线出版）中译本，http：//datajournalismhandbook.org/chinese/intro_3.html。

一、数据新闻的概念与特征

（一）什么是数据新闻

“数据新闻”（data journalism）这一概念是2006年才出现的。在业界和学界，它的定义并不是统一的。2010年，“数据驱动型新闻”（data driven journalism）在一个会议上被提出。两个概念实际上被等同起来。

在《数据新闻手册》（*The Data Journalism Handbook*）一书中，作者这样写道：

什么是数据新闻？我可以简单地回答，这是用数据完成的新闻工作。但这没多大用。

“数据”和“新闻”都是很麻烦的词。有些人认为“数据”是任何数字的集合，很可能是通过电子表格收集的。20年前，这几乎是记者处理的唯一一类数据。但我们现在生活在一个数字世界里，几乎任何东西都可以用数字来描述。

什么使数据新闻与其他新闻不同？或许，当你将传统的“新闻嗅觉”和讲述引人入胜故事的能力结合起来，再加上现在可获得的数字信息的规模和范围，这才是新的可能性。

而这些可能性可能出现在记者写作过程的任何阶段：使用编程自动从地方政府、警察和其他民间来源收集和组合信息的过程，或者使用软件查找数十万份文件之间的联系。

数据新闻可以帮助记者通过制作信息图表来讲述复杂的故事，或者它可以帮助解释一个故事与一个人的关系。

数据可以是数据新闻的来源，也可以是讲述故事的工具，或者两者兼而有之。像任何来源一样，它应该受到怀疑；像任何工具一样，我们应该意识到它如何塑造和限制用它创造的故事。①

维基百科的“Data Journalism”词条这样界定“数据新闻”：

数据新闻是专业新闻学，反映了数字化的数据在数码时代信息生产和传播中的作用日益增强。它反映了内容生产者（如记者）与设计、计算机科学和统计等其他几个领域之间日益增多的互动。从记者的角度来看，它代表着“将不同领域进行交叉的技术”。数据新闻学已经被广泛地用于将几个概念结合起来并将它们与新闻学联系起来。

---

① GRAY J，BOUNEGRU L，CHAMBERS L. The data journalism handbook［EB/OL］.（2019-11-29）［2022-03-01］.https：//datajournalism.com/read/handbook/one/introduction/what-is-data-journalism.

设计师并不总是这个过程的一部分。根据数据新闻学培训师 Henk van Ess 的说法，“数据新闻学可以建立在任何数据的基础上，这些数据必须先用工具进行处理，然后才能有相关的报道。它本身不包括可视化”①。

《卫报》“数据博客”前任主编西蒙·罗杰斯认为，“每个人都可以做数据新闻，它是新朋克”。他把数据新闻界定为，“它有多种样式，可以是可视化作品，也可以是长篇报道。它们在关键点上是一样的：基于数字和统计数据——而且它们的目标应该是从这些数据中得到一个‘故事’。我认为，这个故事的最终展示，无论是文字还是图形，都无关紧要——过程更重要”。②

澳大利亚学者 Maureen Henninger（莫琳·亨宁格）认为，数据新闻是一种富媒体（rich media）的数码故事讲述（digital storytelling）。相关故事在线发布时，受众能以交互方式探索故事。③

中国学界对数据新闻的界定则显得更简洁。

章戈浩认为，数据新闻（data journalism），又称数据驱动新闻（data driven journalism）。它指的是对数据进行分析与过滤，从而创作出新闻报道的方式。④方洁认为，数据新闻是一种运用计算机程序对事实材料和统计资料进行采集、分析和呈现的量化报道方式，也指一种通过上述方式生产的新闻品类。⑤吴小坤则把数据新闻界定为，“基于数据分析和计算机技术的可视化新闻样式，在新闻叙事中使用数据呈现原本仅靠文字所难以呈现的内容，或者通过数据分析发现问题，进而挖掘出新闻故事”。⑥

从中外定义来看，“数据”和“新闻故事”是共有关键词。稍有分歧的是：数据新闻是否一定要可视化。不过，数据新闻可视化仿佛已经成为一种标配。

另外，值得注意的是，“数据新闻”（data journalism）与“数据库新闻”（databases journalism）并不能简单画等号。

“数据库新闻”（databases journalism）又称“结构化新闻”（structured journalism），是在 2006 年被提出的，指新闻内容是围绕结构化数据而不是新闻故

① 资料来源：https：//en.wikipedia.org/wiki/Data_journalism，2019 年 11 月 29 日。

② ROGERS S.Anyone can do it. Data journalism is the new punk［EB/OL］.（2012-05-24）［2019-11-29］. https：//www.theguardian.com/news/datablog/2012/may/24/data-journalism-punk.

③ HENNINGER M.Challenge and change：reassessing journalism's global future［M］. Sydney ：UTS ePress，2003：158。

④ 章戈浩 . 作为开放新闻的数据新闻——英国《卫报》的数据新闻实践［J］. 新闻记者，2013（6）：7-13.

⑤ 方洁 . 数据新闻概论：操作理念与案例解析［M］. 2 版 . 北京：中国人民大学出版社，2019：3.

⑥ 吴小坤 . 数据新闻：理论承递、概念适用与界定维度［J］. 新闻与传播研究，2017，24（10）：120-126.

事来组织的[①]。“数据驱动型新闻”是指记者利用数字数据或数据库作为主要材料来完成的报道。相比之下，“数据库新闻”是一种内容组织结构。它的重点是建立和维护数据库，记者在此基础上构建 Web 或 App，并从中提取数据来执行数据驱动型的报道。

简言之，“数据新闻”是以数据来呈现新闻故事。“数据驱动型新闻”与“数据新闻”同中有异：相同之处是两者都需要数据；不同之处在于，后者主要是对既有数据的挖掘，而前者的界定更宽泛，除了既有数据，还包括新闻工作者主动去收集数据（如问卷调查等）。就实践来看，宽泛意义上的“数据新闻”包括“数据驱动型新闻”。而“数据库新闻”的着力点不是讲新闻故事，而是收集数据和发布数据。

有研究者提出，数据新闻并非新闻叙事，而更近似于社会调查报告，它可能有一些叙事成分，但主旨并非讲述故事而在于推导出事实性结论，是一种新闻论证。数据新闻基本是依靠归纳与演绎等逻辑思维把不显而易见的、人们普遍关注的事实论证推导出来的，如《华盛顿邮报》的数据新闻《埃博拉比其他疾病传播更慢，但杀死了更多人》（*Ebola spreads slower, kills more than other diseases*）、英国 BBC 的《你最适合哪种运动？》（*Which Sport are you made for?*）[②]。笔者认为，研究者所指的“数据新闻”实际上是“数据库新闻”。

三者都有“数据”二字。那么，什么是数据呢？在英文词典里，数据（data）有三个含义：1. 复数的数据 / 资料（datum）；2. 独立的事实、统计数字或多条信息；3. 事实、信息。[③] 也就是说，数据包括但不限于数字（numbers），还可指文本资料（texts）。

有人指出，包含数字的报道并不一定是数据新闻，而没有数字的报道未必不是数据新闻。数据新闻中的数据应该是经过科学的社会研究方法进行统计分析后得来的信息，即新闻生产者对原始信息进行收集、量化而形成的可被计算和分析的数据。[④]

需要指出的是，普利策新闻奖中并没有数据新闻奖。但一些获奖作品却是数据驱动型故事。也就是说，数据新闻的理念融入了其他类型的报道中。比较典型的是 2017 年普利策新闻奖公共服务奖作品（其讲述的是纽约警方滥用驱逐令驱逐 295 人，其中大多数是贫穷的少数族裔）。

---

① 维基百科“databases journalism”词条［EB/OL］.（2019-11-29）［2022-03-01］.https：//en.wikipedia.org/wiki/Database_journalism.

② 曾庆香，陆佳怡，吴晓虹 . 数据新闻：一种社会科学研究的新闻论证［J］. 新闻与传播研究，2017（12）：79-91.

③ 来源：在线词典，https：//www.dictionary.com/browse/data，2019 年 11 月 20 日。

④ 方洁 . 数据新闻概论：操作理念与案例解析［M］. 北京：中国人民大学出版社，2015：2.

（二）数据新闻的特征

1. 通过数据讲故事

与传统的新闻报道大多“就事说事”不同，数据新闻则是“就数据说事”。没有数据，就没有数据新闻。数据新闻和传统新闻报道一样，从有挖掘价值的数据中获取新闻要点，只是报道的开始。这些数据中的发现必须与在地知识、调查、研究和报道相结合，这就是数据新闻。新闻业要利用技术获取、分析和发现数据中的故事，然后讲述数据背后人的故事。①

在数据新闻出现之前，也存在数据，但可以说是小数据时代。其中一个典型例子是“精确新闻”（Precision Jouralism），也称精确新闻报道、精确报道。它是由美国学者、记者 Philip Meyer（菲利普・梅耶）最早提出来的，是指记者在采访新闻时，运用调查、实验和内容分析等社会科学研究方法，来收集资料、查证事实，从而报道新闻。②但传统的问卷调查和内容分析，相关样本是有限的，而且抽样的误差亦偏高，从而影响了精确新闻的准确性。

在大数据时代，数据新闻迎来了好时机。从实践看，信息公开制度化、开放数据运动以及黑客行动（以维基解密为代表），释放了大量有用数据，从而助推了数据新闻的实现。有研究者指出，数据新闻所分析的数据量级已远非传统新闻操作中数据图表可相提并论，其数据多以上万甚至百万、千万计。这当然是拜信息技术发展所赐，为数据分析与数据挖掘技术的大力发展提供了可能。③

2. 让数据可感

虽然数据可视化并非数据新闻的必选项，但数据新闻的实践中，用可视化的信息图表来丰富新闻故事很常见。

2010 年 10 月 23 日，英国《卫报》利用维基解密的数据做了一篇数据新闻：《维基解密中的伊拉克战争：数据新闻标记每一次死亡事件》（见图 4-3）④。

---

① 资料来源：英国非营利新闻机构“新闻调查局”（The Bureau of Investigative Journalism），《什么是数据新闻？》，https：//www.thebureauinvestigates.com/explainers/what-is-data-journalism，2019 年 11 月 20 日。

② 肖明，丁迈．精确新闻学［M］．北京：中国广播电视出版社，2002：2.

③ 章戈浩．作为开放新闻的数据新闻——英国《卫报》的数据新闻实践［J］．新闻记者，2013（6）：7-13.

④ IRAQ W：data journalism maps every death（维基解密中的伊拉克战争：数据新闻标记每一次死亡事件）［EB/OL］.（2010-10-23）［2019-11-20］.https：//www.theguardian.com/news/datablog/2010/oct/23/wikileaks-iraq-data-journalism#data.

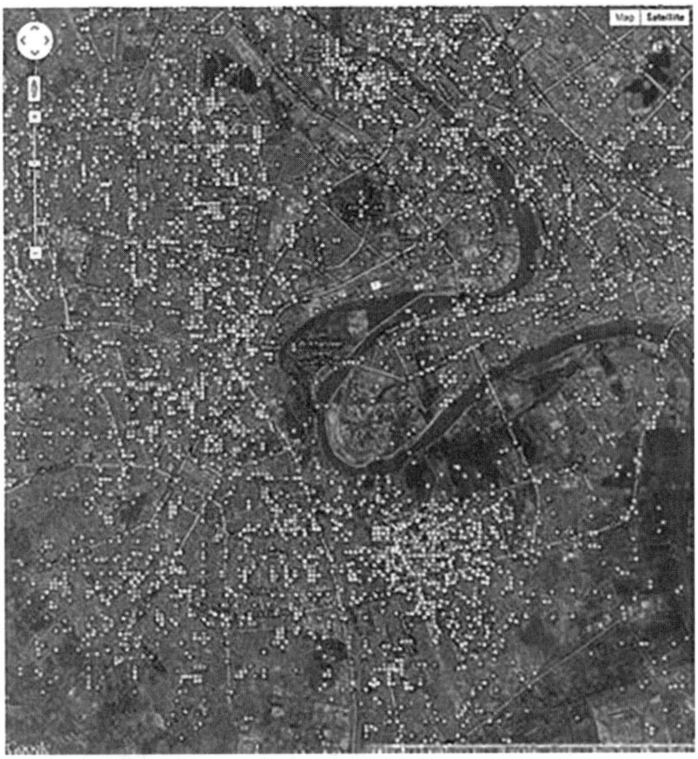

图 4-3 《维基解密中的伊拉克战争：数据新闻标记每一次死亡事件》

该新闻在可视化地图上标注了伊拉克战争中所有的人员伤亡情况（高达 109,032 人）。地图上一个点便代表一次死伤事件，鼠标点击这个点后弹出的窗口则有详细的说明：伤亡人数、时间和造成伤亡的具体原因。报道一经刊出立即引起英国社会的震动，推动了英国最终做出撤回驻伊拉克军队的决定。

另外，数据新闻借助互联网平台，可以实现在线互动从而让数据不再只是静止的数据，而是可被查找、体验的重要信息。

一个典型的案例是国际调查记者联盟（International Consortium of Investigative Journalists，ICIJ）通过数据挖掘，发现在全球范围内，有缺陷的医疗设备导致 83,000 人死亡。在美国，医疗设备可能导致 170 万人受伤。①

该报道提供了一个搜索框。受众（用户）只需在搜索框中输入设备名称，就可以查看各国发起的召回信息、安全警报和专业性的安全提示（见图 4-4）。

① New database tracks faulty medical devices across the globe [EB/OL].(2010-10-23)[2019-12-02]. Https://www.icij.org/investigations/implant-files/new-database-tracks-faulty-medical-devices-across-the-globe/.

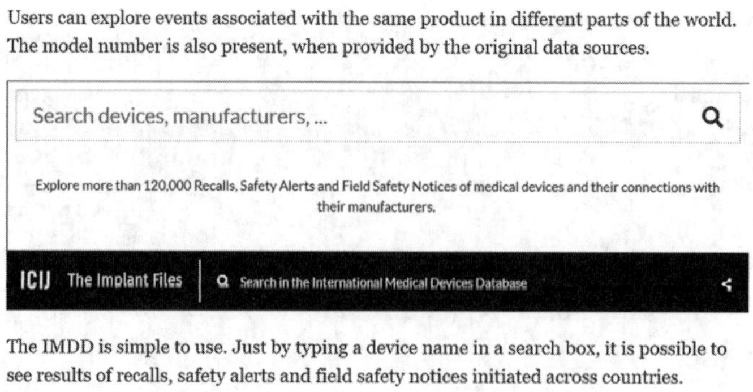

图 4-4　有缺陷的医疗设备数据搜索

需要指出的是，这一案例实际上融合了数据新闻和数据库新闻。2020 年 2 月，中国很多平台推出查询新型冠状病毒感染的肺炎确诊患者同行程查询服务（见图 4-5），与上述案例的原理类似。

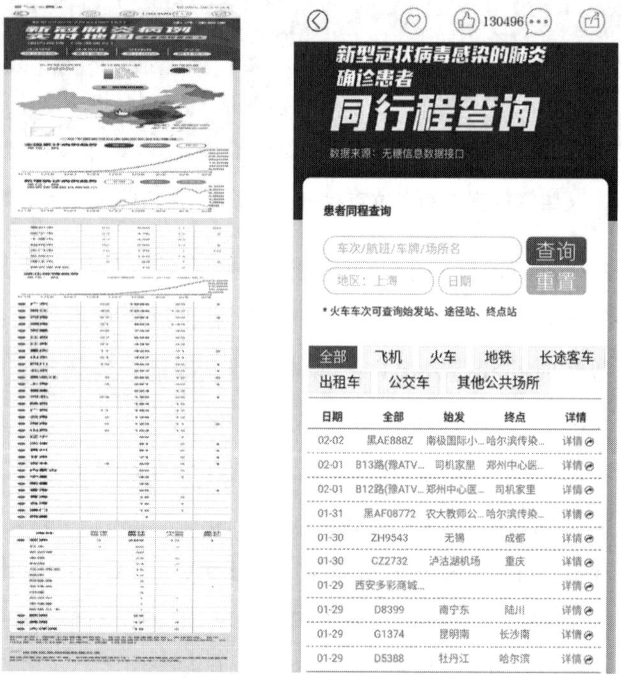

图 4-5　新型冠状病毒感染的肺炎确诊患者同行程查询

3. 建构与受众的关联

数据新闻报道不是简单地呈现数据，而是从数据中发现新闻，从而建构起与受众的关联。

有研究者指出，数据新闻是以服务公众利益为目的的，“这是数据新闻的出发点，所有数据的处理和呈现归根结底是为了让公众理解我们身处的大数据时代中数据变迁的内涵，了解宏观数据如何影响每个人”。[①]

这也是为什么这些年来，普利策新闻奖中一些获奖作品（如 2017 年公共服务奖）采用了数据新闻的方式。

2017 年普利策新闻奖解释性报道奖作品是巴拿马文件系列调查，其同样采用了数据新闻的方式。获奖理由是：“来自六大洲的 300 多名记者通力合作，用一系列的报道来揭露全球性离岸避税天堂的隐秘设计和规模。”[②]

巴拿马文件曝出的数据量是巨大的（见图 4–6）：共有 1,150 万份秘密文件，50 多个国家的 140 个政治人物介入其中，涉及与 24 个离岸避税天堂相关的多家公司。它涉及的是税负公平（Tax justice）问题。

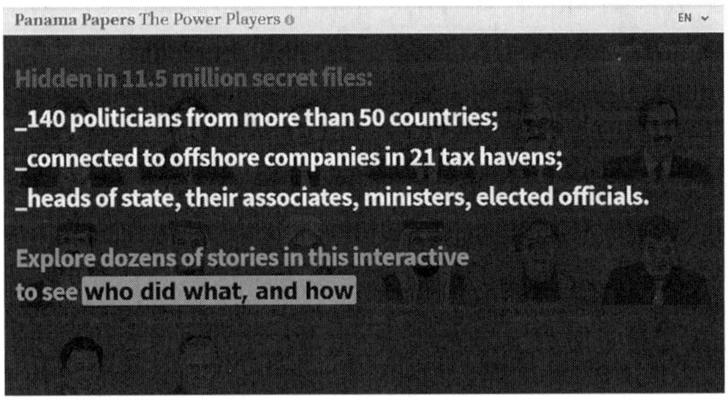

图 4–6 巴拿马文件概貌[③]

（三）数据新闻的意义

有研究者认为，数据新闻作为一种创新，与传统新闻报道在工作方式上存在如下差异：

首先，数据新闻是采集层面的创新。与传统的新闻采集方式不同，数据新闻往往并非通过当事人的述说来获取和描述事实，而是基于对结构化的数据的分析和爬梳，在此基础上来呈现和表达事实。因为，新闻的“原材料”不再是当事人的“叙述”，而是数据，数据构成了数据新闻的来源。

其次，数据新闻是叙事层面的创新。数据新闻的主要工作方法则是讲述一个“数据驱动的故事”，是通过运用社会科学方法，尤其是统计和逻辑来实现叙事。

---

① 方洁．数据新闻概论：操作理念与案例解析［M］．北京：中国人民大学出版社，2015：3.

② 来源：普利策新闻奖官网，https：//www.pulitzer.org/winners/international-consortium-investigative-journalists-mcclatchy-and-miami-herald，2019 年 11 月 20 日。

③ 来源：国际调查记者联盟官网，https：//www.icij.org/investigations/panama-papers/the-power-players/。

最后，数据新闻也是新闻表达层面的创新。与传统新闻用文字进行表达不同，数据新闻的主要表达工具是图表或其他视觉化的形式，因此，视觉化的表达是其重要面向。借助于可视化，新闻故事更为生动、清晰、可读，让人印象深刻。①

问题是，这种创新有什么意义？《数据新闻手册》的编者们询问了业界与学界的知名人士，得到了不同的答案：

1. 过滤数据流

在信息匮乏的时候，我们的大部分精力都花在寻找和收集信息上。现在信息丰富了，处理就更重要了。我们处理信息包括两个层面：1）分析（从海量数据中判断新闻价值并将信息萃取出来）；2）呈现（与受众相关的和对他们重要的信息）。

与科学一样，数据新闻公开其方法，其方法是可以被复核的。

——Philip Meyer，北卡罗来纳大学教堂山分校名誉教授，《精确新闻》作者

2. 讲故事的新方法

在我看来，数据新闻学是一个总括性的术语，包含了不断更新的一套讲故事的工具、技巧和方法。它可以包括传统的计算机辅助报告（数据作为“信息来源”）和最为先进的数据可视化，其统一的目标是专业生产新闻：提供信息和分析，从而让我们知晓每天的重要议题。

——Aron Pilhofer（阿伦·皮尔霍弗），《纽约时报》

3. 像用笔记本电脑做新闻摄影报道一样

“数据新闻”不同于“文字新闻”，是因为我们使用不同的方法（kit）。我们都以发现、报道和讲述故事为生。数据新闻像新闻摄影报道一样，只不过是把相机换成了笔记本电脑。

——Brian Boyer（布赖恩·博耶），《芝加哥论坛报》

4. 数据新闻是未来方向

新闻报道由数据驱动是趋势。记者需要精通数据。以往记者通过在酒吧里和别人聊天来获取故事，现在有时也这样做。但现在需要用分析工具仔细研究数据，找出有趣的主题和故事。通过记者的视角，帮助人们真正看到其逻辑，以及这个国家发生了什么。

——Tim Berners-Lee（蒂姆·伯纳斯-李），万维网（World Wide Web）创始人②

---

① 李艳红．在开放与保守策略间游移："不确定性"逻辑下的新闻创新［J］．新闻与传播研究，2017（9）：40-60.

② GRAY J, BOUNEGRU L, CHAMBERS L（eds.）. The data journalism handbook［M］. Sebastopol：O'Reilly Media，2012：4.

二、数据新闻制作要点

与简单的事实+新闻不同，数据新闻虽然也有事实，也讲故事，但数据的重要性明显。因此，对数据新闻来说，甚至可以说无数据，就没有新闻。

因此，数据新闻在制作上，与传统的新闻报道有相同点，也有不同点。根据资讯架构师和多媒体新闻记者 Mirko Lorenz 的说法，数据新闻是一个包含了下列这些元素的完整 workflow（工作流程）：将数据纯净化、结构化，再将数据“可视化”，并做出新闻报道（见图 4-7）①。

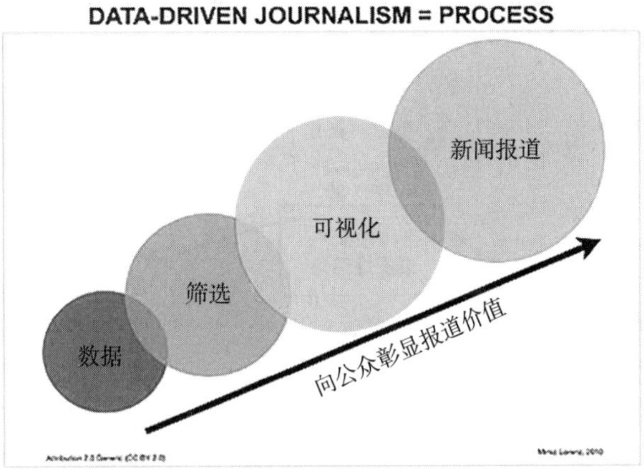

图 4-7　数据驱动型报道的工作流程

但实际上，上述流程并不全面，数据当然重要。但在操作数据新闻故事时，获取数据并非第一个步骤。但这一示意图比较简洁地强调了数据新闻操作的几个核心点，从而让人一目了然。最佳的数据新闻一定是传统新闻报道技法与数据新闻思维、可视化技术的完美结合。

（一）确定选题与主题

选题相对较宽泛，主题则是选题中的聚集点。

比如报道美国总统特朗普的习惯用语“fake news”是报道选题，去验证他说的那些“fake news”是否为真则是报道主题。

在常规新闻采访与写作中，主题的提炼顺序有两种：一种是主题在先，题材在后；一种是题材在先，主题在后。记者要有主题意识，这将有助于记者更好地进行采访和写作，提高新闻报道的质量。

① MIRKO L. Data driven journalism：what is there to learn?［R］.Stanford：Innovation Journalism Conference，2010-06-07.

对数据新闻来说，则有两种情况：先确定选题，再确定报道主题，最后去寻找相关数据；另外一种是先拿到了数据，再确定报道选题和主题。后者如关于巴拿马文件、天堂文件和维基解密的相关报道。

（二）数据的获取

美国社会学家华莱士（Wallance）指出，社会研究的逻辑过程呈现出“圆环”的特征，这一圆环被称为“科学环”。作为一种使用社会科学研究方法所进行的社会调查，数据新闻论证的逻辑与社会研究的科学逻辑基本相同，因此也呈现出“科学环”的特征（见图 4-8）：

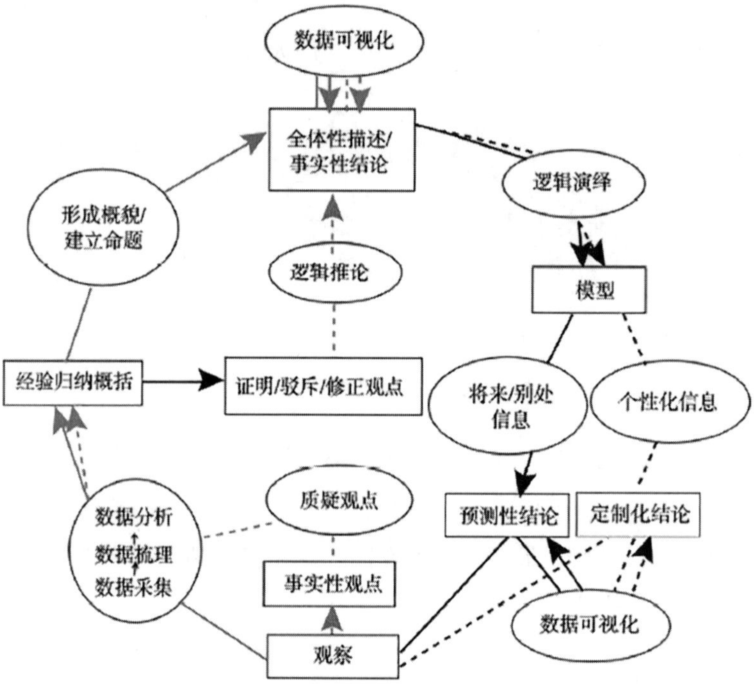

图 4-8　数据新闻“科学环”（不同线条表示不同类型的数据新闻的逻辑路径）①

（矩形：信息成分；圆与椭圆：方法控制；箭头：信息转换）

数据新闻“科学环”存在的前提是要有数据。数据从何而来？从分类来说，数据可以分为公开的和非公开的两大类。可以说前者是二手数据，而后者为一手数据。

就公开的数据来说，可以通过网络在线搜索，图书馆、档案室馆藏资源检索和工具自动采集等方式直接获取政府、国际组织与第三方机构的公开数据。

① 曾庆香，陆佳怡，吴晓虹 . 数据新闻：一种社会科学研究的新闻论证［J］. 新闻与传播研究，2017（12）：79-91.

政府部门是拥有数据最多的组织。自 2009 年美国数据门户网站 data.gov 上线以来，开放数据运动在全球范围内迅速兴起。通过开放政府数据，可以提高政府透明度，提升政府治理能力和效率，更好地满足公众需求，促进社会创新，带动经济发展。从目前全球参与开放数据运动的国家来看，既包括美国、英国、法国、奥地利、西班牙等发达国家，也包括印度、巴西、阿根廷、加纳、肯尼亚等发展中国家。国际组织欧盟、经济合作与发展组织（OECD）、联合国（UN）、世界银行（WB）也加入开放数据运动，建立了数据开放门户网站。

如果要获取上市公司财报，在上海交易所和深圳交易所官网上下载。要获取一位学者的发表成果，在中国，有知网；在外国，也有 EBSCO 和 Journal Storage 等多个检索平台。

在采集网页数据时，可通过爬虫软件（Python）进行数据抓取；亦可通过一些网页的 API 接口获得数据。

对于未公开的数据，则需要通过众包、采访、申请信息公开和问卷调查等方式获取。众包（crowd sourcing）是通过公开招募的方式将工作外包给一群非特定的个人或团队。一个简单的例子是，我们开车时用导航软件，交通拥堵状况和交通事故提醒信息有部分就来自众包。2020 年 2 月初，人民网旗下好医生 App 全网征集新冠肺炎求助者信息；2021 年 12 月 30 日，《人民日报》开通西安疫情紧急求助通道，都是众包的使用（见图 4–9）。

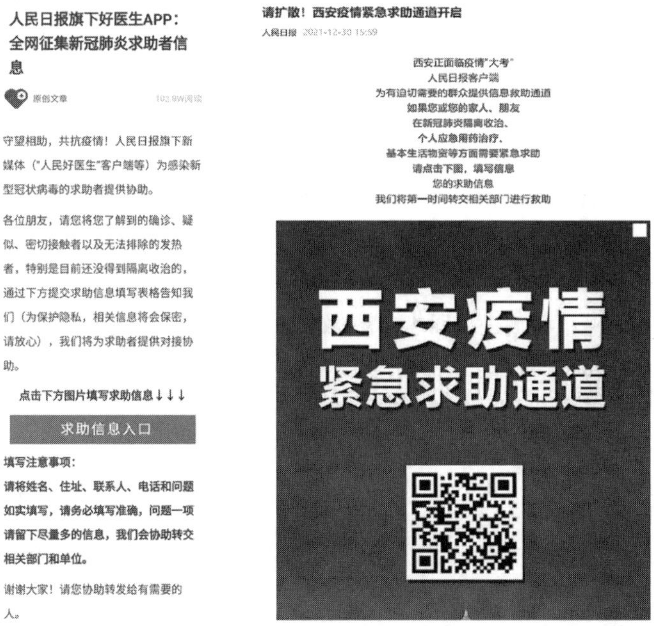

图 4–9　众包的使用

在 UGC（User Generated Content，用户生成内容）的信息生产新时代，众包将助力一手数据的收集。

申请信息公开亦是获取未公开数据的重要途径。《中华人民共和国政府信息公开条例》[①]（2007 年 4 月 5 日，中华人民共和国国务院令第 492 号公布；2019 年 4 月 3 日，中华人民共和国国务院令第 711 号修订）制定的目的就是“保障公民、法人和其他组织依法获取政府信息，提高政府工作的透明度，建设法治政府，充分发挥政府信息对人民群众生产、生活和经济社会活动的服务作用”。

该条例规定，行政机关公开政府信息，应当坚持以公开为常态、不公开为例外，遵循公正、公平、合法、便民的原则。行政机关应当及时、准确地公开政府信息。行政机关发现影响或者可能影响社会稳定、扰乱社会和经济管理秩序的虚假或者不完整信息的，应当发布准确的政府信息予以澄清。

除行政机关主动公开的政府信息外，公民、法人或者其他组织还可以向地方各级人民政府、履行行政管理职能的县级以上人民政府部门（含行政机关设立的派出机构、内设机构）申请获取相关政府信息。

有了这样的制度设计，公民、记者和传媒机构均可按程序依法申请获取未知、欲知和应知的信息。

（三）数据的处理

统计学领域的一些学者对数据分析的类别做了如下划分（见图 4-10）：

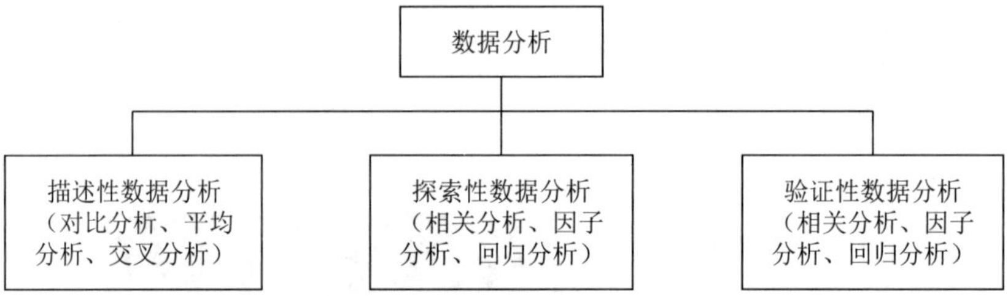

图 4-10 数据分析类型

其中描述性数据分析属于初级数据分析，而探索性和验证性数据分析属于高级数据分析[②]。

按照《卫报》“数据博客”前任主编西蒙·罗杰斯的说法，数据新闻记者应该

① 中华人民共和国政府信息公开条例[EB/OL].（2019-04-15）[2019-11-20].http：//www.gov.cn/zhengce/content/2019-04/15/content_5382991.htm.

② 张文霖，刘夏璐，狄松.谁说菜鸟不会数据分析（入门篇）[M].北京：电子工业出版社，2013：15.

了解 5 个 W：

1. Who?

这些数据是谁提供的？为什么它（们）这么重要？这涉及数据的可信度。

2. What?

你想用这些数据说什么？你想让受众接受（理解）的信息点是什么？

3. When?

你的数据距今多久了？

官方数据大多公布一年多了，所以记者要通过社交媒体、传感器和众包等采集新数据。

4. Where?

数据发生的地点。

5. Why?

为什么要呈现这些数据？

数据新闻经常要包括下列简单的新闻问题：事儿有多大？它有何进展？和别的事儿或别的地儿比起来，它有何异同？①

当然，还要注意的是数据的有效性。也就是说，要清洗掉无用或可疑的数据。

（四）数据的呈现

数据的呈现亦可称为数据可视化。数据可视化（data visualization）被许多学科视为与视觉传达含义相同的现代概念。为了清晰有效地传递信息，数据可视化使用统计图形、图表、信息图表和其他工具。可以使用点、线或条对数字数据进行编码，以便在视觉上传达定量信息。

数据可视化既是一门艺术，也是一门科学。数据可视化的目标是将数据可视，从而可清楚又高效地传播信息。而这并不意味着数据可视化为了美丽呈现而显得复杂和烦人。

数据可视化领域的起源可以追溯到 20 世纪 50 年代初的计算机图形学。当时，人们利用计算机创建出了首批图形图表。1987 年，由布鲁斯・麦考梅克、汤姆斯・蒂凡提和玛克辛・布朗所编写的美国国家科学基金会报告《科学计算之中的可视化》（*Visualization in Scientific Computing*），对于这一领域产生了大幅度的促进和刺激作用。这份报告强调了新的基于计算机的可视化技术方法的必要性。随着计

---

① ROGERS S.The five Ws of data journalism［EB/OL］.（2014-10-16）［2019-11-20］.https：//simonrogers.net/2014/10/16/the-five-ws-of-data-journalism/.

算机运算能力的迅速提升，人们创建了规模越来越大，复杂程度越来越高的数值模型，从而造就了形形色色体积庞大的数值型数据集。

数据可视化的类别有多种。从呈现平台来看，可分为PC端可视化和手机端（移动端）可视化。[①] 交互式的H5作品多在移动端呈现。2019年全国“两会”期间，《人民日报》推出了H5作品《2019年政府KPI[②] 账单》（见图4-11），其相关数据来自第十三届全国人民代表大会的《政府工作报告》。通过手机一扫二维码，账单就开始“打印”。另外，该作品还有意识地加入了互动设计，因为账单最后的界面是“政府很拼，我也不好意思懒惰”。用户从中可以选择自己的2019KPI，选项用语也与当下“热词”相照应，如“实现车厘子自由”“脱贫致富，啥都‘佩奇’”等，在一定程度上激发了用户转发分享的热情。

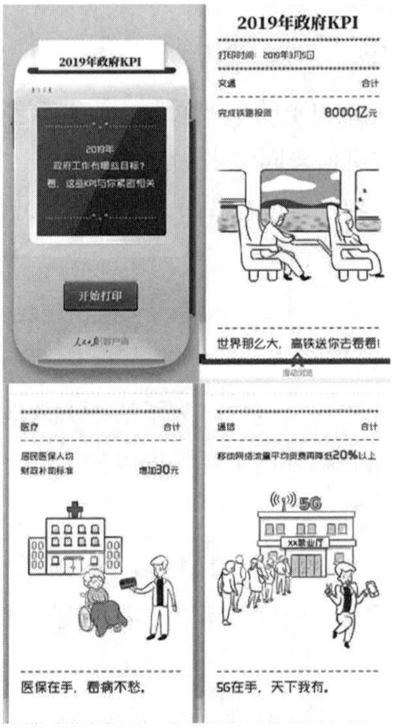

图4-11 《2019年政府KPI账单》

从呈现形态看，媒体可以选择静态可视化或动态可视化。平面媒体多采用前者，而网络媒体则多采用后者。

---

① 方洁.数据新闻概论：操作理念与案例解析［M］.北京：中国人民大学出版社，2015：225.

② KPI是“Key Performance Indicator”的缩写，被称为“关键绩效指标”或“关键业绩指标”。

从用户权利的角度看，媒体可以选择封闭可视化或交互可视化。后者可吸引受众参与数据的发掘甚至生产。比如在财新网制作的关于高考语文题目的案例中，受众选择高考年份和试卷类别，就可以看到自己当年高考时的题目。交互可视化可在众包项目中成为重要的数据来源。

另外，数据可视化的工具也有多种。入门级的可视化工具包括 Excel 表格和绘图软件 Adobe Photoshop、Adobe illustrator；进阶可视化工具则有 Google Chart、Google Fusion Tables、Many Eyes、Visual.ly 等[①]。

此外，Tableau 是全球知名度很高的数据可视化工具，你可以轻松用 Tableau 将数据转化成你想要的形式。Tableau 是一个非常强大、安全、灵活的分析平台，支持多人协作。你还可以通过 Tableau 软件、网页甚至移动设备来随时浏览已生成的图表，或将这些图表嵌入报告、网页或软件中。Datawrapper 是一款在线数据可视化工具，创始团队有不少人是记者出身的，因此 Datawrapper 专注于满足没有编程基础的写作者的需求，帮助他们制作图表或地图。有了 Datawrapper，作者可以制作出丰富的图表来吸引读者的眼球，同时更好地呈现自己的内容。Power BI 是微软开发的商业分析工具，可以很好地集成微软的 Office 办公软件。用户可以自由导入任何数据，如文件、文件夹和数据库，并且可以使用 Power BI 软件、网页、手机应用来查看数据。Power BI 对个人用户是免费的。[②]

三、数据新闻作品案例分析

（一）中国数据新闻作品案例

财新网整理了 40 多年来高考作文题目的变化（见图 4-12）[③]。

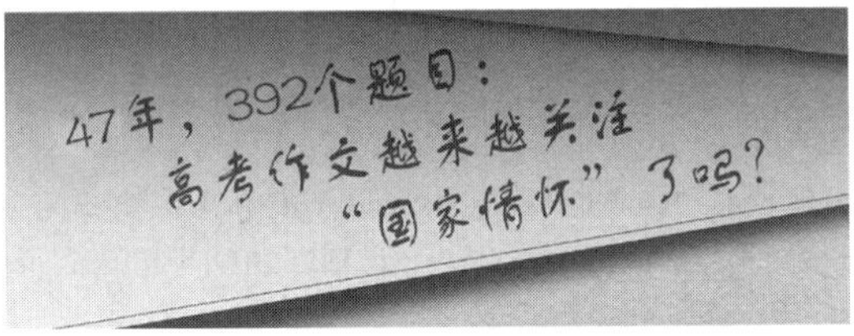

图 4-12　40 多年来高考作文题目的变化

《47 年，392 个题目：高考作文越来越关注“国家情怀”了吗？》

① 方洁 . 数据新闻概论：操作理念与案例解析［M］. 北京：中国人民大学出版社，2015：243.

② 30 个值得推荐的数据可视化工具（2019 年更新）［EB/OL］.（2020-02-09）［2022-03-01］.https：//zhuanlan.zhihu.com/p/51695598.

③ 财新数据新闻中心［EB/OL］.（2020-02-09）［2022-03-01］.http：//datanews.caixin.com/mobile/interactive/2019/zuowen/.

【作品评析】

高考是一场大戏：对主角——考生来说，是重要的展现自我的机会，也是极有可能改变人生命运的少数机会；对配角——亲人及旁观者（不少是过来人）来说，无论作为一种见证，还是作为引爆回忆的引信，都是有意义的。

在高考中，语文本就是一个有共议话题的科目，而作文题目则是焦点。财新传媒的编辑团队有新闻意识，也有问题意识。在这一作品中，财新记者收集整理了1977年至2019年共计316套高考语文试卷，并对当中的355个高考作文题进行分析。通过“国家情怀”维度与“导向”维度的总结、分析（对比分析和交叉分析），记者对40多年来的高考作文题目有不少独家的发现。

在数据可视化方面，整个作品设计成一张语文试卷的样子，分析结果用波形图、柱状图和flash等多种方式，简单到一目了然。“选择你当年的高考题”放在最后，则是一个数据库，实现与受众的互动。

不足的是，该作品在富媒体呈现上较弱。比如，试卷的照片、考生的口述文字、音频、视频都没有。作品也没有开放UGC，比如让受众参与复写或重写高考作文。

（二）国外数据新闻作品案例

2019年数据新闻奖[①]中，共有12个作品获奖。排在第一位的是年度调查性报道（investigation of the year）《飓风玛利亚[②]罹难者》（*Hurricane Maria's Dead*）[③]。该作品在当年也入围了佛罗里达大学奖调查性数据新闻奖的决赛。[④]

《飓风玛利亚罹难者》

该作品报道美属波多黎各自治邦（The Commonwealth of Puerto Rico，西班牙语：

① 数据新闻奖由全球编辑网络（Global Editors Network）主办，谷歌新闻创新工作室（Google News Initiative）和微软新闻（Microsoft News）等支持。该奖项自2012年起颁布，每年一次。数据新闻奖官网：https：//www.datajournalismawards.org/。

② 2017年9月17日，“玛利亚”（Maria）由热带风暴升级为5级飓风，风速为每小时160公里。9月20日，飓风玛利亚登陆美属波多黎各自由邦。玛利亚飓风是有记录以来第十大的大西洋飓风，也是2017年全球最大的飓风之一。美国哈佛大学研究人员指出，波多黎各可能有4,645人死亡，这比官方估计的多出了70倍！孙梦逸.飓风到底致死多少人？哈佛研究实锤波多黎各政府［EB/OL］.（2018-12-04）［2019-11-20］. http：//zhishifenzi.com/depth/newsview/4746 ？ category=; KISHORE，NISHANT，et al. Mortality in Puerto Rico after Hurricane Maria.［J］New England journal of medicine，2018（379）：162-170.

③ 网址：https：//hurricanemariasdead.com/。

④ 网址：https：//awards.journalists.org/winners/2019/。

Estado Libre Asociado de Puerto Rico）[①] 在这次飓风中数千人丧生，但官方宣称只有 64 人死亡。

该作品是一个项目式操作，其专门建了一个网站，分为 Story（报道）和 Database（数据）两个频道。需要说明的是，项目由美联社（AP）、新闻调查中心（Center for Investigative Journalism）、石英网站（Quartz）联合制作。

以下为专题网站上的报道与数据（中英对照，由编者翻译）。

【作品评析】

该作品获 2019 年数据新闻奖中的调查性报道奖，应该说名副其实。我们挑选这一作品其实还有一个用意：数据新闻可以作为一种报道类型，而且也可以作为一种报道手段。它可以用于解释性报道、调查性报道等。

该作品报道的主题是波多黎各飓风玛利亚罹难者人数被瞒报。报道的动力与其说是数据挖掘，更应是真相。通过多方协作，还通过众包（网络征集），记者拿到了真名实姓的罹难者，并通过数据可视化的方面呈现了一个个在线的墓碑。正是因为有数据的挖掘，从而让报道真实可信，既有宏观的呈现，也有个体故事的记载。

创作团体在"信息来源与方法"中提到："最初，我们依赖于新闻调查中心（CPI）采访的受害者家属提交的资料，包括死亡证明和殡仪馆通知。他们对我们的调查做出了回应。在 CPI 赢得了对政府的诉讼之后，我们后来获得了波多黎各的死亡率数据库。波多黎各没有信息自由法（FOI law），适用的是地方判例法，该法规定，由政府或公共资金编制的任何文件、数据或信息均应公开，除非政府能证明有必要对其保密，比如安全威胁或侵犯个人隐私。因此，一个完整的诉讼是必要的。法院命令政府公布完整的死亡数据库，其中包括 2017 年 9 月 18 日至 2018 年 6 月 7 日在波多黎各死亡的 23,000 人的记录。包括 185 个字段的电子表格，有死因、地理和人口信息以及所有个人的死亡证明。政府最初公布了 2,000 份纸质死亡证明，几周后，以 PDF 文件的形式移交了其余的死亡证明，没有特别的顺序，也没有标识。我们还对这些受访者进行了近 300 次电话采访，并与相关专家和政府官员进行了交谈。"[②]

---

① 波多黎各位于加勒比海的大安的列斯群岛东部。包括波多黎各岛及别克斯、库莱夫拉等小岛。北临大西洋，南濒加勒比海，东与美属维尔京群岛、英属群岛隔水相望，西隔莫纳海峡同多米尼加共和国为邻。首府为圣胡安。作为美国的自治区，波多黎各居民虽为美国公民，但不参与美国的总统选举，有权选举一名无表决权的美国众议院专员。波多黎各面积 9,104 平方公里，人口 341 万（2016 年），其中波多黎各人占 76.2%。

② 数据新闻奖专题［EB/OL］.（2020-11-20）［2022-03-01］.https：//datajournalismawards.org/projects/hurricane-marias-dead/.

数据新闻奖评委会是这样点评的：在波多黎各，飓风玛利亚致人非正常死亡一直是一个被忽视的故事。这个故事的呈现代表了最好的调查性报道。这项工作迫使波多黎各政府承认其公布的死亡人数极不准确，并促使其自主检查。

参与该项目的记者通过使用数据分析和解析多种类型的信息，结论是严谨的。而且他们仔细考虑了如何做好这个项目，从开发一个虚拟的纪念墙到在视觉展示中使用一个波多黎各艺术家的作品。飓风玛丽亚罹难者的可视化也以引人注目的方式呈现了有血有肉的个人故事。①

该作品在呈现中使用了 Javascript、HTML、Adobe Illustrator 等技术。

（三）数据可视化案例

Indonesia plane crash②

印尼空难

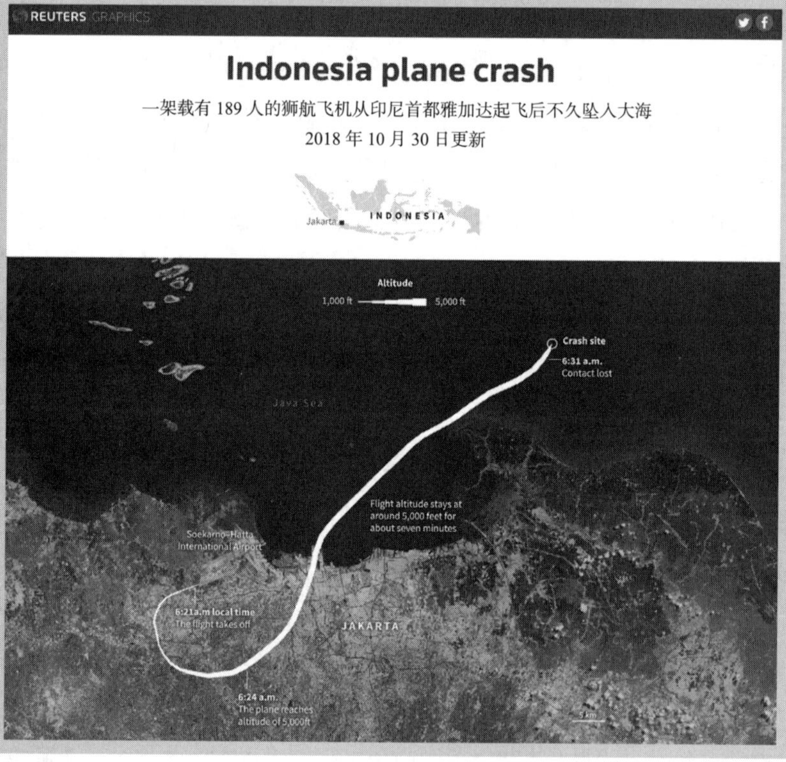

① Data journalism awards（2019）[EB/OL].（2020-11-20）[2022-03-01].https：//datajournalismawards.org/2019-winners/.

② Indonesia plane crash [EB/OL].（2018-10-30）[2020-11-20].https：//graphics.reuters.com/INDONESIA-CRASH/0100810F1X2/.

Aerial footage of what is believed to be the crash site of Lion Air Flight JT610 showing debris seen in water. Courtesy of Indonesian Air Force.

VIDEO 相关视频

Aerial footage of what is believed to be the crash site of Lion Air Flight JT610 showing debris seen in water. Courtesy of Indonesian Air Force.

据信是狮航 JT610 航班坠毁地点的航拍镜头显示水中有残骸。视频由印尼空军提供。

Flight JT610 took off around 6.20 a.m. and was due to have landed in Pangkal Pinang，the capital of the Bangka-Belitung tin mining region at 7.20 a.m.

JT610 航班在 6 点 20 分左右起飞，原定于 7 点 20 分在 Bangka-Belitung 锡矿区首府 Pangkal Pinang 降落。

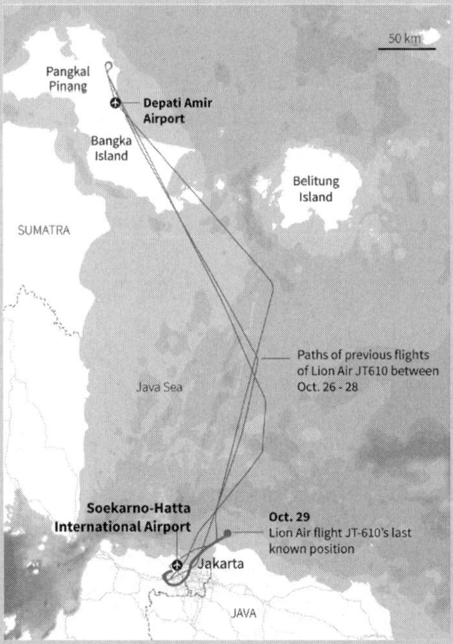

Altitude and speed 出事高度及速度

The plane crashed during its initial climb, shortly after takeoff. Preliminary flight tracking data from air tracking service Flightradar24 shows the aircraft climbed to around 5,000 feet（1,524 m）before losing, and then regaining, height, before finally falling towards the sea. Flights operating the JT610 route over the previous three days reached around 10，000 ft by this point.

飞机起飞后不久，在最初的爬升过程中坠毁了。来自 Flightradar24 的初步飞行跟踪数据显示，这架飞机爬升到 5,000 英尺（1,524 米）左右，接着降低飞行高度，坠入大海前曾重新拉升。按过去三天的记录，JT610 航线的航班此时飞行高度应该已达到约一万英尺才正常。

Speed also appears to be erratic when compared to the previous three flights, based on ground speed data tracked by Flightradar24, though experts say this can also be affected by different wind conditions and does not necessarily translate directly into a problem in flight.

根据 Flightradar24 跟踪的地面速度数据，与前三次飞行相比，此次 JT619 航班的速度似乎也不稳定。不过，专家表示，飞行速度也可能受到不同风况的影响，不一定说明飞行出了问题。

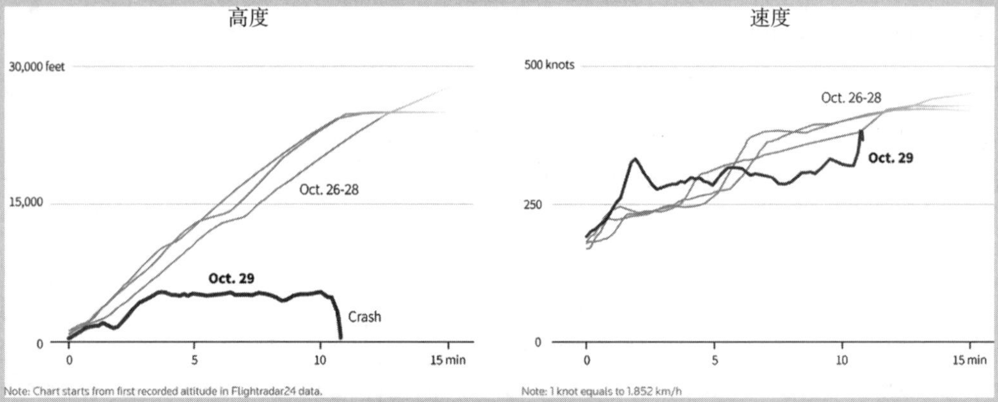

Only four fatal incidents have occurred during the intial climb phase in the ten years from 2007 to 2016, according to data examining global commercial jet airplane accidents compiled by Boeing. Accidents during approach and landing are more common.

根据波音公司编写的全球商用喷气式飞机事故调查数据，在 2007 年至 2016 年的十年间，在飞机最初的爬升阶段，仅发生了四起致命事故。在接近着陆和着陆过程中发生事故更为常见。

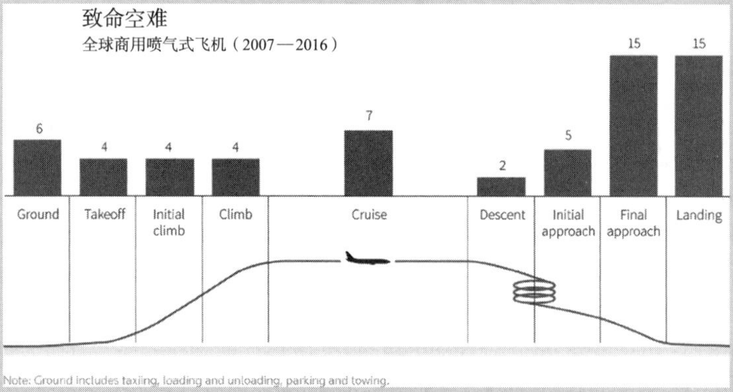

The accident is the first to be reported that involves the widely-sold Boeing 737 MAX，an updated，more fuel-efficient version of the manufacturer's workhorse single-aisle jet. The first Boeing 737 MAX jets were introduced into service in 2017.

这起坠毁事故是热销的波音 737 MAX 第一次出事。它是一种升级版的、更省油的单通道喷气式飞机。第一架波音 737 MAX 喷气机于 2017 年投入使用。

The plane 出事飞机

Rescue team members arrange the wreckage，showing part of the logo of Lion Air flight JT610. REUTERS/Stringer

救援队成员在摆放飞机残骸，狮航 JT610 航班的部分标志一目了然（路透社 /Stringer）

The aircraft that crashed was manufactured this year and joined Lion Air's fleet in August. The plane had flown over 430 flights since then, mostly operating domestic routes in Indonesia. Five of these flights were on the Jakarta-Pangkal Pinang route.

坠毁的这架飞机是今年生产的，8 月份加入了狮航的机队。这架飞机已经飞行了 430 多个航班，主要是印尼国内航线。其中五个航班是雅加达—槟榔屿航线。

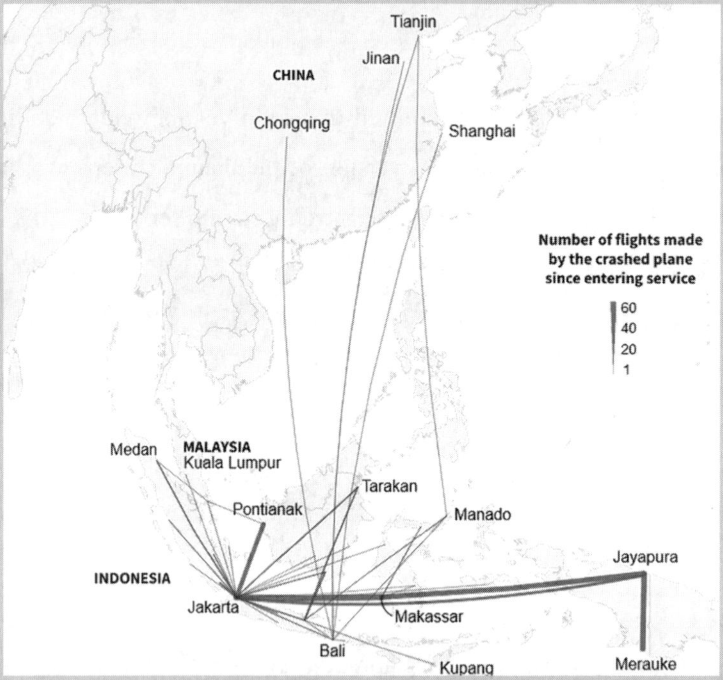

Finding the black boxes 寻找黑匣子

The top priority for investigators will be finding the cockpit voice recorder and flight data recorder to help determine the cause, safety experts said.

安全专家们说，调查人员的首要任务将是找到驾驶舱话音记录器和飞行数据记录器（即黑匣子），以帮助确定原因。

The pilots had asked to turn back to base shortly before losing contact with air traffic control, according to a spokesman for Indonesia's air navigation authorities.

印度尼西亚航空管理局新闻发言人说，飞行员在与空中交通管制失去联系前不久，曾要求返回机场。

Search teams are using "towed pinger locators" to try and detect a signal emitted from the underwater locator beacons attached to the black boxes. Ships are also using sonar equipment, multi-beam echo sounders and underwater remotely operated vehicles to locate the wreckage.

搜救队正在使用“拖曳声波定位仪”来尝试检测从附着在黑匣子上的水下定位器信标发出的信号。多艘船只还使用了声呐设备、多波束回声探测仪和水下远程遥控车辆来定位飞机残骸。

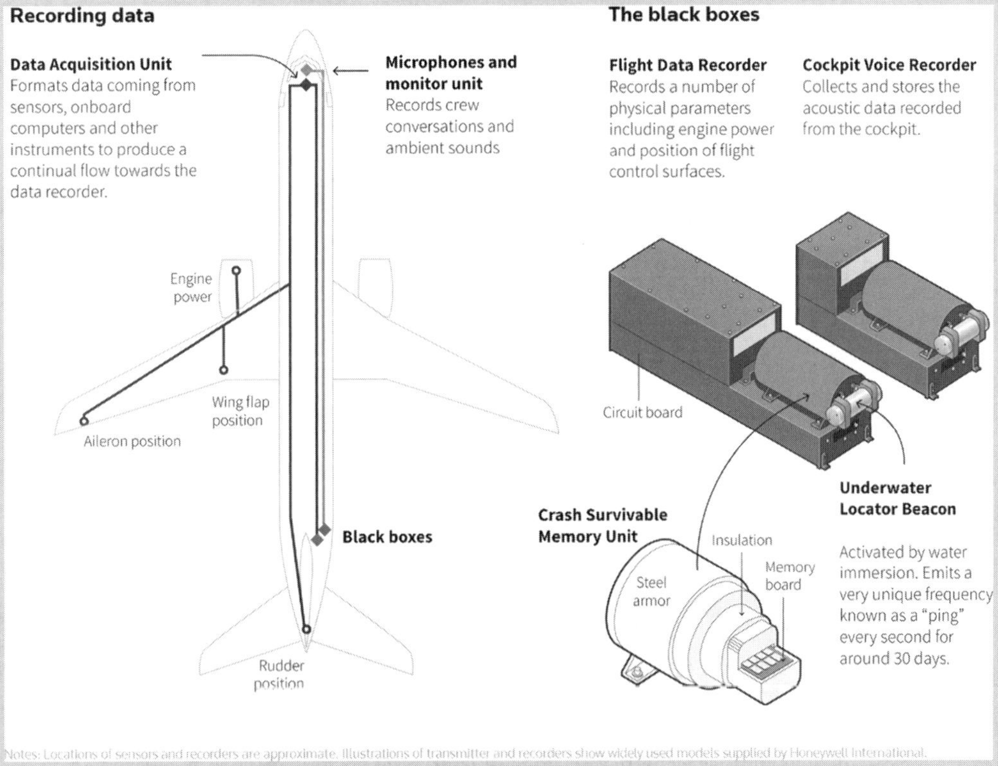

图示内容：

Data Acquisition Unit（飞行数据采集装置，DAU）是将来自传感器或机载计算机和其他仪器的数据进行格式转换，以产生向数据记录器的连续信息流。

Microphones and monitor unit（麦克风和监视器单元）是记录机组成员与机内其他声音的装置。Flight Data Recorder（飞行数据记录仪，FDR，即黑匣子）主要记录飞机的各种飞行数据，包括飞行姿态、飞行轨迹（航迹）、飞行速度、加速度、经纬度、航向以及作用在飞机上的各种外力等。

Cockpit Voice Recorder（座舱话音记录仪，CVR）实际上就是一个无线电通话记录器，可以记录飞机上的各种通话。

Underwater Locator Beacon（水下定位信标），通过水浸激活，在大约 30 天内每秒发出一个非常独特的脉冲称为“ping”。

Notes：Locations of sensors and recorders are approximate. Illustrations of transmitter and recorders show widely used models supplied by Honeywell International.

提示：传感器和记录器的位置是近似的。发射机和记录器的插图显示了霍尼韦尔国际公司提供的广泛使用的型号。

Given that the plane crashed in relatively shallow water，recovering the black boxes could be easier than with deep-water crashes like AirAsia Indonesia flight QZ8501 in 2014 and Air France flight 447 in 2009.

考虑到这架飞机在相对较浅的水域坠毁，比起 2014 年印尼航空公司 QZ8501 航班和 2009 年法国航空公司 447 航班等深水坠毁，找回黑匣子可能更容易。

Notes：Local time is GMT+7.

提示：当地时间为第七时区。

【作品评析】

2018 年 10 月 29 日，一架载有 189 人的狮航客机从印尼首都雅加达起飞后不久坠入大海。24 小时内，路透社的图形工作室（graphics desk）整合航班跟踪数据，发布了对具体情况的深入、直观的报道。

该作品获得 2019 年度政策新闻奖数据新闻奖，理由是“突发新闻里的数据最佳使用案例”。在“作品有何创新”中，路透社的自述是：“我们没有简单地绘制坠毁飞机的飞行路线，而是进行了大量重要的可视化工作。在 24 小时内报告、制作和检查各种各样的视觉效果是一项困难的任务。其中一幅图将飞机的历史可视化，这是使用飞行轨迹数据的一种独特方式。而且这架飞机很新，几个月前才开始服役。”①

在“信息来源和方法”方面，“飞行跟踪数据来自 Flightradar24，事故数据来自波音公司。通过多种方式可视化，并使用地理信息系统绘图软件绘制。在处理数据的同时，该小组还访问了各机构和专家，收集了多媒体内容，并制作了矢量图”。在“科技使用”方面，其使用了 Javascript，GQIS，Adobe creative suite 等技术。

这个作品的优点在于：时效性强、数据扎实、可视化直观、简洁有力。

---

① Indonesia plane crash［EB/OL］.（2018-10-30）［2020-11-20］.https：//graphics.reuters.com/INDONESIA-CRASH/0100810F1X2/.

四、数据新闻参阅作品

（一）图书

1. 许向东 . 信息图表编辑［M］. 北京：中国人民大学出版社，2015.

2. 方洁 . 数据新闻概论［M］.2 版 . 北京：中国人民大学出版社，2019.

3. 罗杰斯 . 数据新闻大趋势：释放可视化报道的力量［M］. 岳跃，译 . 北京：中国人民大学出版社，2015.

4.GRAY J，BOUNEGRU L，CHAMBERS L（eds.）.The Data Journalism Handbook［M］. Sydney：O'Reilly Media，2012.

5. *The Data Journalism Handbook*：*Towards a Critical Data Practice*，Amsterdam University Press（电子版网址为 https：//library.oapen.org/bitstream/handle/20.500.12657/47509/9789048542079.pdf）。

（二）数据新闻频道

1. 财新网“数字说”频道，http：//datanews.caixin.com/。

2. 网易新闻“数读”频道，http：//data.163.com/special/datablog/。

3.《新京报》“数据新闻”频道，http：//graphic.bjnews.com.cn/。

4. 澎湃新闻“美数课”频道，https：//www.thepaper.cn/list_25635/。

5. 英国《卫报》“数据博客”，https：//www.theguardian.com/news/datablog/。

6. 路透社图形工作室（Reuters Graphics - Charts，Maps，Interactive Graphics and Videos），https：//graphics.reuters.com/。

（三）数据新闻案例

1. 澎湃新闻“美数课”：新冠肺炎病例实时地图，https：//projects.thepaper.cn/thepaper-cases/839studio/feiyan/。

2. 复数实验室：数读在线医疗 | 疫情期间如何看病？线上问诊或能帮忙［EB/OL］.（2020-02-07）［2020-11-20］. https：//m.thepaper.cn/newsDetail_forward_5836930。

3.《卫报》数视化作品《孙杨是如何夺取 200 米自由泳金牌的》，http：//www.theguardian.com/sport/ng-interactive/2016/aug/09/how-sun-yang-caught-up-with-chad-le-clos-to-claim-gold-in-the-200m-freestyle。

4. Kantar 信息之美年度奖，https：//www.informationisbeautifulawards.com/。

5. 作品推荐：《中国一分钟・地方篇》。为庆祝改革开放 40 周年，从 2018 年 10

月 1 日起，人民日报社新媒体中心与中央网信办移动网络管理局合作，联动各地，推出《中国一分钟 · 地方篇》系列微视频。该微视频以“一分钟”为维度，全方位展现祖国的山河魅力，突出各省（直辖市）地域特色与风土人情，展示各地方改革开放成果。

五、本章思考题

1. 比较精确新闻与数据新闻的异同。
2. 数据新闻的制作要点有哪些？

六、实战演练

1. 选择一个议题，收集并整理数据，制作成数据新闻。
2. 收集已经刊发的数据新闻案例，分析其特点。

Chapter 5

第五章　非虚构

▶**本章要点**

“非虚构”（Non-fiction）写作并非新事物。中国的文学期刊推出“非虚构”栏目历来已久。

近年来，由于公民“立言”意识的崛起、互联网技术的推动、商业力量的介入和叙事风格的变化，“非虚构”写作成为一种风潮。

真实不虚构、注重历史文献、浸入式采访、常用第一人称和多聚焦普通人是非虚构叙事作品的显著特点。

近年来，无论是传统媒体，还是新媒体；甚至无论是新闻媒体，还是文学类杂志，都打起了“非虚构”写作的大旗。

但在实践中，不少人把特稿与“非虚构”画等号；把“非虚构”看作一个大框，什么体裁都往里装的也不在少数。对“非虚构”是一种新闻作品还是文学作品，大家的认知并不统一，实践中的混淆反过来干扰了公众对“非虚构”的认知。

一、“非虚构”写作成为风潮

“非虚构”（Non-fiction）这一提法起源于20世纪60年代的美国，当时，以“非虚构小说”和“新新闻报道”等为代表的非虚构创作盛行一时。这一概念被引入中国后，成为“非虚构文学”，囊括了报告文学、非虚构小说、纪实小说、口述实录文学等概念。

2010年，《人民文学》开辟“非虚构”栏目；2015年，诺贝尔文学奖颁给了白俄罗斯作家、前记者斯韦特兰娜·亚历山德罗夫娜·阿列克谢耶维奇，颁奖词为：“她的复调书写，是对我们时代的苦难和勇气的纪念。”

1948年出生的阿列克谢耶维奇，毕业于明斯克大学新闻学系。她用与当事人访谈的方式写作纪实文学，记录了第二次世界大战、阿富汗战争、苏联解体、切尔诺贝利事故等人类历史上重大的事件。其代表作有《切尔诺贝利的回忆：核灾难口述史》《我不知道该说什么，关于死亡还是爱情：来自切尔诺贝利的声音》《二手时间》《锌皮娃娃兵》等。

因为阿列克谢耶维奇的作品大多为非虚构的纪实文学作品，因此“非虚构文学”这一称呼在公众中的知名度大幅提升。

事实上，近年来，不仅多家文学杂志开辟“非虚构”专栏，很多网络平台也开始助推“非虚构”作品。

2015年春节，上海大学文化研究系王磊光博士的一篇文章《一位博士生的返乡笔记：近年情更怯，春节回家看什么》经由澎湃新闻“市政厅”栏目刊发后被网络热传。2016年春节，青年学者黄灯的《一个农村儿媳眼中的乡村图景》（原载《十月》杂志2016年第1期，原题为《回馈乡村，何以可能？》）一文经由当代文化研究网刊发后，同样在微信朋友圈广泛传播。2017年4月，范雨素的《我是范雨素》一文经由界面新闻“正午故事”（2020年3月团队解散，2022年10月恢复更新）发表后，引发大众对于非虚构和平民写作的广泛讨论。

这些底层书写带火了“非虚构”，也促成了相关作者的专题写作。上述三位作者（两个知识分子，一个“北漂”育儿嫂；两个湖北人，一个湖北媳妇）都受到出版社的青睐，已有两位出版了相关书籍[①]。

表 5-1 “非虚构”各平台的列表（不完全版）

整理：张玉洪

媒体类型	名称	创办时间	发表方	备注
文学期刊	多个专栏[②]	自 1957 年起	收获	
	民间语文	1996 年	天涯	《天涯》杂志“民间语文”栏目倡导“关注民生、关注底层”，栏目中收集了日记、书简、记录、汇报、契约、文案、词汇歌谣、网络文本、启事、调查报告和吊唁挽词等文本内容。
	非虚构文本	2001 年	钟山	刊载历史散文和个人史等。2012 年 3 月，举办非虚构文学研讨会。
	非虚构论坛	2006 年	中国作家	“非虚构论坛”是自由论坛，不仅是专业人士发表见解的平台，也是纪实作品读者发表看法的平台；可以是作家学者的理论创作总结，也可以是普通读者的点滴之见。
	非虚构	2010 年第二期	人民文学	2010 年第 11 期发布“人民大地·行动者”写作计划，吁求海内文豪加入非虚构写作队伍中。
	非虚构空间	2010 年第三期	厦门文学	一个在共同专题下题材、内容相同或相近的专辑，组织、选择不同文体、交叉文体和其他探索性文本的稿件。
	家族记忆	2010 年	花城	希望透过家族往事的讲述和回忆来折射历史的变迁，追溯远去的年代，唤醒同辈人的集体记忆，引发读者的情感共鸣和思考。

① 王磊光 . 呼喊在风中：一个博士生的返乡笔记［M］. 上海：复旦大学出版社，2016；黄灯 . 大地上的亲人：一个农村儿媳眼中的乡村图景［M］. 北京：台海出版社，2017.

② 《收获》杂志自 1957 年创刊以来，创办了多个非虚构专栏：“革命斗争回忆录”（1957）、“创作回忆录”（1979）、“作家书简”（1982）、“口述实录文学”（1985）、“私人照相簿”（刘心武，1986）、“文化苦旅”（余秋雨，1988）、“人生采访”（1989）、“沧海看云”（李辉，1999）、“边走边看”（余华，2002）、“田野档案”（冯骥才，2004）、“尘土京华梦”（邵燕祥，2005）、“封面中国”（李辉，2005）、“亲历历史”（2005）、“一个人的电影”（2006）、“八十年代”（2008）。其中，1979 年复刊以来就开办了 30 余个栏目。战红岩 . 从《收获》杂志栏目设置变化探析其审美风格的流变［D］. 长春：东北师范大学，2009.

续表

媒体类型	名称	创办时间	发表方	备注
时尚杂志	中国非虚构写作“GQ 基金支持计划”	2011 年	GQ 智族	以人性表达为自己的核心价值，致力于探寻生活的本质而不是停留在浮华的表层。如同我们梦想并追逐高品质的生活一样，我们也梦想并追逐对社会生活的高品质呈现。
互联网平台	中国三明治（China30s）	2011 年 3 月	上海三十明志文化传播有限公司	中国第一个创新人群故事传播平台，也是倡导并帮助三十岁上下中国人进行“生活创新”实践的新型平台。出版《破茧 001：你未曾体会过的人生》一书。
	正午故事	前身是“界面·长篇”，创建于 2014 年 9 月。2020 年 3 月解散，2022 年 10 月恢复更新	界面新闻	致力于挖掘那些被人遗忘的故事，力图寻找那些具有时代感的文字，将普通人的炙热梦想呈现给你。
	谷雨故事	2015 年	腾讯网、腾讯公益慈善基金会	非营利平台。在内容上力求“耕耘中国故事”，在体裁上以非虚构写作（或者叫“特稿”“新特稿”）为主。
	人间 the Livings	2015 年 8 月	网易	“人间”信奉每个人都可以成为生活的记录者；换言之，“人间”是所有写作者创造的。“人间”也拥有“大国小民”“蓝衣坊”“虹桥”等各类主题的写作工作室。
	地平线 NONFICTION	2015 年 9 月	北京创作极客信息科技有限公司	举办“非虚构导师课”，曾推出“非虚构原创榜”。
	ONE 实验室	2016 年 3 月成立，2017 年 10 月解散	韩寒旗下的亭东文化	卖出百万级版权的非虚构作品《太平洋大逃杀》。
	真实故事计划	2016 年 7 月 11 日	由传统媒体记者发起	2018 年开始举办非虚构创作大赛。首届 6 部获奖作品中，2 部已经确认电影改编、1 部将拍摄电视剧。
	镜相工作室	2017 年	澎湃新闻	与复旦大学新闻学院联合成立非虚构写作工作室（2017），开办非虚构工作坊（2017、2018、2019）。与今日头条举行非虚构大赛。
	Epoch 故事小馆	2017 年	刺猬公社	Epoch 意为“新时代、新纪元”，也有“历史或生命中的一段时刻”的意思。2017 年举办 Epoch 非虚构故事大赛 。

从表 5-1 可以看出，文学期刊推出非虚构栏目由来已久，但 2010 年成为一个转折点；而对互联网平台来说，2015 年则是“非虚构”走向全面兴旺的关键年份。

二、“非虚构”：概念与特征

虽然“非虚构”并非一个新品种，大量文学杂志和网络媒体都刊载过“非虚构”作品，但它的概念却是比较模糊的。

2014年创办的“正午故事”（Noon Story）[①]是界面新闻子品牌，其自称“致力于打造原创的非虚构写作平台。希望能避开热点和新闻头条，寻找那些不为人知且富有意义的线索，被主流媒体忽视的角落”。

不过，有意思的是，其创始人之一郭玉洁这样写道：

我们都着迷于非虚构叙事这门技艺——在现实生活、作者和读者之间，制造出一个文字的场，三者互相牵引，紧张又优美。这一制造的过程，从发现选题、采访、研究、写作、编辑到面对读者，现实感和创造性融于一体，很有挑战，也很有乐趣。

由此产生的文体，我们简单地称为“非虚构”，而不再缠绕于此前的纷繁命名：纪实、特稿等。这意味着，只要没有事实层面的虚构，只要是好的写作，不拘任何形式，都可归入其中。说到底，最重要的是你为读者讲述了什么，是否言之有物，又是否寻找到了合适的形式。而情书、墓志铭、学术散文、一次谈话、一段口述，都可能是充满理解力、感受力，在宽广层面的非虚构写作。[②]

在这里，“非虚构”写作是一个泛概念，只要事实层面是真实的，都可归入其中。

那么，究竟什么是“非虚构”？笔者收集了多个“非虚构”的定义。

1.《不列颠百科全书》(*Encyclopedia Britannica*)，又称《大英百科全书》，被认为是当今世界上最知名也是最权威的百科全书。虽然该百科全书并无单独的“Nonfiction”或“Non-fiction”词条，但与Nonfiction有关的词条有三个。

① Nonfictional prose（非虚构散文）：任何主要基于事实的文学作品，即使它可能包含虚构的成分。例如小品文（essay）和传记[③]。

② Nonfiction novel（非虚构小说）：一种文学类型，亦可称为纪实小说（documentary novel）。用小说的戏剧技巧讲述的真人真事。相关案例是杜鲁门·卡波特的《冷血》(1965)，他在此书中发明了这种类型。另有约翰·赫西的《广岛》(1946)和诺曼·梅勒的《刽子手之歌》(1979)[④]。

---

① 界面新闻“正午故事”频道［EB/OL］.（2020-11-20）［2022-03-01］.https：//www.jiemian.com/lists/53.html.

② 正午故事.正午3：到海底去［M］.北京：台海出版社，2016：前言.

③ 资料来源：https：//www.britannica.com/topic/nonfictional-prose。

④ Nonfiction-novel［EB/OL］.（2020-11-20）［2022-03-01］.https：//www.britannica.com/art/nonfiction-novel.

③ New Journalism（新新闻主义）：20世纪六七十年代美国发起的文学运动（American literary movement）。它突破了传统新闻（traditional journalism）和非虚构写作（nonfiction writing）的界限。这一类型将新闻研究与小说写作技巧结合起来，报道真实生活事件的故事。发起这场运动的作家包括汤姆·沃尔夫（Tom Wolfe）、杜鲁门·卡波特（Truman Capote）和盖伊·特立斯（Gay Talese）①。

2. 非虚构（Nonfiction or Non-fiction）是指在信息、事件或人物的内容上真诚地呈现了真实性和准确性。②

3. 据美国作家马克·克雷默和新闻从业者温迪·考尔在其共同编写的著作《哈佛非虚构写作课：怎样讲好一个故事》中的表述，"非虚构写作有许多称谓：叙事新闻、新新闻、文学新闻、创意非虚构写作、专题写作、非虚构小说和记录叙事"③。

4.William Zinsser（威廉·津瑟）写作的《非虚构写作指南》一书自1976年出版以来，已经多次再版。在"形式"（Forms）部分的"作为文学的非虚构"（Nonfiction as Literature）一节中，多次提到"Nonfiction"，但并没有明确的定义。

相关提法有："二战"后，非虚构成为美国新文学类型；在美国历史上，好的新闻作品成为好的文学作品；但事实上，现在作家写的和卖的、书籍和杂志出版商出版的和读者需求的绝大多数都是非虚构作品；归根结底，每个写作者都必须走自己最舒服的路径。对于大多数学习写作的人来说，这条路是非虚构的。它使他们能够写出他们所知道的、能够观察或者发现的事物。年轻人和学生尤其如此。他们会更乐意写一些涉及自己生活或擅长的事的文章。"我认为小说并未消亡。显然，小说家能带领我们进入别的作家不能及的隐秘世界：深入情感和内心生活。我认为非虚构并非新闻报道的别名，也不等同于任何人都能写出的新闻报道。"④

5. 所谓"虚构"和"非虚构"，从本质上说，是以"真实"作为区分彼此的标准，而文学上的"真实"遵循的是一种艺术真实，很难用纯粹的客观真实来对照。即使是各种非虚构的作品，在经过作家的叙事处理之后，呈现出来的也都是一种艺术上的真实。因此，"非虚构"与其说是一种文体概念，还不如说是一种写作姿态，

---

① 资料来源：https：//www.britannica.com/topic/New-Journalism。

② FARNER G. Literary fiction：the ways we read narrative literature［M］. London：Bloomsbury，2014：8.

③ 克雷默，考尔 . 哈佛非虚构写作课：怎样讲好一个故事［M］. 王宇光，等译 . 北京：中国文史出版社，2015：前言 .

④ ZINSSER W. On writing well：the classic guide to writing nonfiction［M］. 6th ed. New York：Quill（A Harper Resource Book），2001：97–99.

是作家面对历史或现实的介入性写作。[①]

……

从以上多种“非虚构”的中外表述来看，可以明确的是：

1. 没有非虚构新闻一说。新闻报道都应是非虚构的。

“真实是新闻的生命”，这是新闻界的共识。不过，在美国新闻界的最高奖——普利策新闻奖中，并没有非虚构作品奖。但值得注意的是，在普利策奖中，单设有“非虚构”作品奖（General Nonfiction）。

普利策“非虚构”作品奖，是颁给图书的，一年一部。其对“非虚构”获奖作品的界定是：“美国作家所写的一本杰出的、有适量文献的非小说类图书（不宜放到普利策其他奖项）。奖金为15000美元。”[②]

普利策“非虚构”作品奖从1962年起颁奖，首部获奖的是美国现代著名政治记者、历史学家和小说家白修德（Theodore H. White，1915—1986）所写的《美国总统的诞生1960》（*The Making of the President 1960*）一书[③]。

2018年普利策“非虚构”获奖作品是James Forman Jr.（小詹姆斯·福尔曼）所著的《把我们自己关起来——美国黑人的罪与罚》（*Locking Up Our Own, Crime and Punishment in Black America*）。这部作品基于丰富的经验和深厚的法律知识体系，审视了美国当代刑事审判的历史根源，及其对公民与黑人团体造成的毁灭性后果。

2019年普利策“非虚构”获奖作品是《亲善与繁荣：一个家庭与美国的破裂》（*Amity and Prosperity: One Family and the Fracturing of America*）一书。记者兼诗人伊莱莎·格里斯沃德（Eliza Griswold）从斯泰西一家入手，用一个以卵击石的悲剧英雄故事揭开了后工业时代的环境保护与经济发展之困。普利策奖组委会对这本书的评语是：“一个扣人心弦的经典美国故事，讲述了在企业水力压裂开采造成的毁灭之下，一个阿巴拉契亚地区家庭是如何挣扎着维持它的中产阶级地位。”

2020年，普利策“非虚构”作品奖有两部作品获奖：

一部是格雷格·格兰丁（Greg Grandin）的《神话的终结：从前线到边界墙，在美国的心灵中》。曾几何时，广阔的西部边疆是美国的应许之地，西进的人潮宛如伊甸园中的再世亚当，无拘无束，野心勃勃。对美国人来说，最激动人心的神话莫过于此。但在纽约大学历史学教授格雷格·格兰丁看来，西部边疆的神话已经覆灭，时间是2015年6月16日。那一天，总统候选人唐纳德·特朗普提出了他的边

---

① 洪治纲.论非虚构写作［J］.文学评论，2016（3）：62–71.

② 来源：普利策奖官网，https：//www.pulitzer.org/prize-winners-by-category/223。

③ 白修德.美国总统的诞生1960［M］.舒琦，赵仁涛，译.北京：中信出版集团，2016.

墙计划。建国两个半世纪后的今天，总统宝座上的那个人为了他的边墙，不惜将美国推入史上持续时间最长的政府停摆。避风港一般的边疆是如何转变成令人生畏的边墙的？格兰丁在其《神话的终结》一书中，探讨了各个历史时期中边疆对于美国的意义，以西进作为缓冲，换来无限前景，而当美国人不得不首次直面各种危机时，伴随着国家主义与民粹主义而生的，就是边墙。

另一部作品是安妮·博伊尔（Anne Boyer）的《不死者：疼痛、脆弱、死亡、医学、艺术、时间、梦想、数据、疲惫、癌症和治疗》。作者被诊断出患有极具侵袭性的三阴性乳腺癌。对于一个靠工资单生活的单身母亲来说，这种情况既是一种危机，也是对死亡和疾病的性别政治新看法的开始。这是一份关于疾病的残酷和美国癌症治疗体系中资本主义运作机制的叙述，其探讨了疾病的经历、资本运作的江湖骗术和生态代价等。

从获奖作品看，这些作品有很强的历史感，可称为纸上的“史记”。

2.“非虚构”是一种文学类型（范式），也是一种叙事策略。所以有基于真实事件调查基础上的非虚构小说，亦有非虚构散文。

3. 新新闻主义是文学创作与非虚构写作的结合，但不等于非虚构。它是一种创新型的新闻报道，新闻特稿是其报道技巧的传承。

在英语语言文学教授 John Hellmann（约翰·赫尔曼）看来，“新新闻主义最应该被理解为一种文学类型或流派（a genre of literature）。如同现实主义小说、浪漫主义小说和寓言小说一样，它有一种审美形式和审美目的，从而自成一派（“final direction” inward）。按照 Frye 的定义，小说是‘散文中的艺术作品’，我们可以毫无逻辑困难地称新新闻作品为小说。相比之下，常规的新闻报道因不再坚守其‘描写性或主观性写作’（descriptive or assertive writing）的特质而衰落了”。①

John Hollowell（约翰·霍洛威尔）则指出，“20 世纪 60 年代的新新闻主义，是当时美国社会变化下小说家和记者们对混乱状况的反应。最有趣的反应是非虚构这种形式，仰仗小说家的叙事技巧和敏锐洞察记载当代事件”。“非虚构小说和新新闻主义的意义体现在：它们反映了传统新闻报道风格和形式的变化；非虚构小说彰显了在消费社会中，写作者角色构思与艺术生产之间关系的变化；写作者选择纪录体而非虚构体引发美国写作风潮的重要思考。”②

---

① HELLMANN J. Fables of fact：the new journalism as new fiction［M］. Illinois：University of Illinois Press，1981：24.

② HOLLOWELL J. Fact and fiction［M］. North Carolina：The University of North Carolina Press，1977.

4. 作为一种宽泛的概念，非虚构叙事适合大多数学习写作的人运用。

虽然没有“非虚构”新闻这一说法，普利策新闻奖中亦没有“非虚构”这一类，但并不妨碍非虚构在新闻报道中作为一种叙事策略。

在新闻报道领域，除常规报道外，非虚构叙事（纪实体风格，chronicle）主要体现在以下多种类型的作品中：纪录片（Factual television，例如 television documentaries）、学术论文、自传 / 传记 / 回忆录、读书报告、日记、会议记录、百科全书、随笔、指南和使用手册、历史、信件、自然史和游记等。

需要明确的是，非虚构叙事不等于都有新闻性。简单来说，一个普通人日常一天的故事是没有新闻性的，但是在大灾难或疫情期间一个普通人日常一天的故事就是有新闻性的。另外，在新闻报道中的非虚构叙事并不强调文学性，而是强调纪实性和文献性。

一些有识之士已经提到对非虚构概念泛化的不同意见。上海作家金宇澄（代表作《繁花》）就曾表示：“你们把非虚构都搞错了。（媒体上的）这叫小品，真正非虚构是巨作。西方有很多这样的例子，包括《光荣与梦想》这种非虚构作品，有上下两本那么厚，这个还赶什么时间？”① 非虚构作家杨猛（代表作《陌生的中国人》）也指出：“非虚构不是一个单独的选题，单独的选题是适应报纸或者说网络媒体需要的一个新闻产品……非虚构写作容量更大一些，它可能是一个没有时间概念，或者说更广泛的时间和空间概念的东西，而且关键一点，我觉得它是告诉你在这个事件发生过程中，周围还发生了什么事情，构成了一个更加多元的世界。这是我觉得非虚构作品远远超过特稿的重要原因。”②

如果较真的话，非虚构作品可仿照小说分类法，分为短篇、中篇和长篇。就长篇非虚构而言，在研究或运用“非虚构”时，容易忽略的是：非虚构写作往往有一个写作计划，不是单一篇目，而是一个项目。简单来说，李海鹏写的《一个举重冠军之死》是新闻特稿，但如果受此启发，写作“冠军退役系列故事”，就是非虚构写作。

正因为是项目式操作，非虚构写作的时间成本是非常高的。东东枪写郭德纲的作品在《读库》发表，主报道有 44 页，对话有 16 页，外加相声文本 16 页。这样的篇幅完全可以出一本书了。作者回忆，从组稿到完成有三个月之久：

即使到目前为止，用这样大的篇幅描述郭师傅的，应该只有这一组稿子。更可

---

① 陈少远，白宇洁 . 作家金宇澄：媒体发的只能叫小品，真正的非虚构是巨作［EB/OL］.（2020-04-20）［2020-11-20］. https：//www.thepaper.cn/newsDetail_forward_2629208.

② 刘蒙之 . 专访杨猛 | 如果没有风格的话，写作就是批量生产的产物［EB/OL］.（2019-10-09）［2020-04-20］. https：//m.thepaper.cn/newsDetail_forward_4522365.

以断定的是，到目前为止，能够有机会安安静静与郭德纲郭师傅单独沟通交谈达十几个小时的，能够有机会到郭师傅家里，把他家中基本所有照片从头到尾翻检一遍的，能够有机会几乎采访遍郭师傅近几年发展历程中的重要人物和目击者的，恐怕应该也只有我[①]。

当时《读库》主编张立宪与他约稿初期确立了三个原则：1. 不遗余力、不计成本、不留遗憾。2. 成稿时间服从于成稿质量。但也要尽量快——郭德纲随时可能突然蹿红。3. 稿件中不要观点，用事实来说话。从中我们可以看到非虚构写作的一些特质：不强调时效，注重事实本身。

此外，由于非虚构的纪实性，文献的恰当使用是一种标配，亦有助于作品的历史感。典型案例如柴春芽的非虚构作品《边境线》系列[②]。

三、“非虚构”风潮兴起的原因

“非虚构”原本发端于美国 20 世纪 60 年代的文学叙事创新，为何半个多世纪后在中国再度成为一种风潮？这是非常值得研究的。

（一）学界的声音

在目前的研究中，有几种说法。

卢艳芳认为，“非虚构”兴起的原因有：1. 人们渴望真实。如今有太多假的东西充斥着市场，时刻挑战着公众的信任。人们的心灵需要真实来抚平不安和躁动。“非虚构”的真实迎合了人们这种心灵上的需要。2. 政治的需要。“非虚构”写作较明显地体现了文艺创作“贴近实际，贴近生活，贴近群众”的三贴近原则，得到（官方）提倡也在情理之中。3. 引起人民和政府对问题的关注。“非虚构”作品的作者应该是怀着让问题受到关注的心态，怀着人间的悲悯进行创作的，这是真正的创作者的责任感。[③]

刘蒙之、张焕敏则从其他角度对其进行了解读。1. 中国剧烈的社会变革浪潮为非虚构写作提供了现实土壤。改革开放以来，中国社会急剧变革。色彩斑斓又异常复杂的中国社会生活为非虚构写作提供了素材与土壤，这一点与美国非虚构写作兴起的社会背景非常相似。2. 现实主义文学与报告文学的功能缺位。中华人民

---

① 张立宪．读库 0601［M］．北京：同心出版社，2006：1–44.

② 柴春芽．边境线［EB/OL］．（2020–11–20）［2022–03–01］.http：//news.ifeng.com/mainland/special/xzbjx/xuyan.shtmld/special/xzbjx/xuyan.shtml.

③ 卢艳芳．论“非虚构”写作的特点及其在中国兴起的原因［J］．新乡学院学报（社会科学版），2013（2）：63–65.

共和国成立以来，报告文学以其新闻性、文学性与批判性受到读者的欢迎。但是近二十年来，报告文学的文体已经老化，调查技巧单一、表达手段单一，无法满足当代读者对事实深层次的追求。甚至一部分报告文学沦为宣传文体，成了“表扬稿”“吹捧文学”和“推销文学”，更是失去了现实主义的批判性。3. 读者对传统新闻写作方式与风格的厌弃。传统的新闻文本擅长粗线条地转述新闻事件的骨架与框架情况，见“事”不见“人”。非虚构写作文体中的调查性报道、解释性报道、人物特稿、事件特稿、长报道在恪守新闻“真实性”的前提条件下，不遗余力地挖掘新闻人物、新闻事件背后更为丰富的意义，让读者认识到世界的复杂性，抵达“真实”境界。4. 国内外非虚构写作思潮的互动与影响。近些年来，作家专题讨论会、作家会议、创意写作项目如雨后春笋般涌现，发表非虚构写作的媒体也不断增加，而非虚构写作的创作者们的杰出作品让非虚构写作的地位更加稳固。5. 非虚构写作活动的大众参与性。非虚构写作打破了专业的壁垒，让普通人成为写作的主体。①

上述三位论者的观点，部分是合理的，如“真实的需要”“中国剧烈的社会变革浪潮为非虚构写作提供了现实土壤”“非虚构写作活动的大众参与性”和“国内外非虚构写作思潮的互动与影响”。

但有些论点有些牵强，比如“现实主义文学与报告文学的功能缺位”“政治的需要”和“引起人民和政府对问题的关注”。还有些论点则属于认知错误，如“读者对传统新闻写作方式与风格的厌弃”，误将调查性报道、解释性报道和特稿等均归为非虚构写作，逻辑上根本不能自洽。

（二）多重力量助推

在笔者看来，“非虚构”写作的兴起，有几个重要的推力。

1. 公民“立言”意识的崛起

《左传·襄公二十四年》：“太上有立德，其次有立功，其次有立言，虽久不废，此之谓不朽。”

当下，“立言”意识与教育水平的提高、分享精神等密切相关。“立言”最直接的途径是写作。对普通人来说，就是写作自己或自己身边的故事，以及自己感兴趣的故事。另外，还有一些自由撰稿人也加入“立言”者的行列。在一些重大事件中，媒体会采用众包的方式将制作（新闻）稿件的机会释放给普通人。

---

① 刘蒙之，张焕敏. 非虚构写作：内涵、特点以及在我国兴起的多维因素［J］. 媒介批评，2017（1）：216–224.

近年来，家史、口述史、返乡手记和疫情日记等公民写作的崛起，就是公民“立言”意识的彰显。西方学者曾指出，“事实证明，或多或少属于非正式的口述史，是描述人类行为的基本活动。这是所有社群记忆的特征”①。

如果说，官方或主流媒体建构的信息版图是自上而下的，那么，公民的“立言”则是自下而上的。在一定程度上，公民的“立言”意识是官方意识建构的重要补充，借助这些微叙事完成了国族集体记忆的拼图。

有研究者指出，“‘非虚构’这三个字的魅力就在于点醒我们，记忆是如此私人却又值得保留的东西，它建构在一代人的记忆之上，个体命运与这个时代如此紧密地联系在一起，如果这些故事不被记录，就会随着一代又一代人的离开消失在历史的尘埃里，这是多么令人遗憾而痛心的事”②。有学者也提到，“澎湃的非虚构写作对抗新闻衰老的策略，不是文学，而是新闻。他们抓住那些值得关注的人和事，为时代存档。有些新闻不及时捕获，就可能永远消失在公共视野里，失忆于集体记忆”。③

2. 互联网提供了免费平台

在互联网上，有网络论坛、博客频道、微信公众号、今日头条开设的“头条号”和一点资讯开设的“一点号”等给网民提供了免费的创作发布平台。另外，还有创作社区网站简书、区块链内容平台 Matters 等。

借助互联网这一平台，个人可以有持续的创作计划，也可以办自己的媒体，即自媒体（self-media或we media）④。“壹报”就是明证，《南方周末》前记者翟明磊创办的这家网络报，实际上是他的个人博客，其宣称“壹报是一个人的报纸……里面或有偏见，或有任性，但绝无谎言”。⑤他独立采访、制作的关于汶川地震的相关报道，提供了一种新视角。

另外，近年来一些商业网站开设的非虚构频道也提供了作品发表平台。如界面新闻旗下的“正午故事”，就刊发了大量普通人写的个人故事，仅 2020 年 3 月就发表了《我做了一个月顺丰快递员》⑥《三万武汉医护人员的理发师》⑦等多篇故事。

---

① 康纳顿 . 社会如何记忆［M］. 纳日碧力戈，译 . 上海：上海人民出版社，2000：13.

② 周逵 . 非虚构：时代记录者与叙事精神［M］. 北京：清华大学出版社，2017：序言 .

③ 张涛甫 . 非虚构写作：对抗速朽［J］. 新闻记者，2018（9）：37–41.

④ 自媒体是指大众化的传播者借由网络无国界的手段，向不特定的大多数人或者特定的单个人传递规范性及非规范性信息的新媒体的总称，或称“自媒体”“个人媒体”“公民媒体”。

⑤ 资料来源：https：//zhaiminglei.wordpress.com/。

⑥ 资料来源：https：//www.jiemian.com/article/4175186.html。

⑦ 资料来源：https：//www.jiemian.com/article/4126606.html。

3. 商业力量介入

“非虚构”在中国成为风潮，商业力量的介入是重要推力。其中，商业网站和风险投资是主角。

如果说腾讯网的“谷雨故事”、网易的“人间”[①]是非营利的项目（当然优质内容提高网站的点击率与美誉度，亦能转化为经济利益），那么“真实故事计划”、ONE 实验室则是纯粹的商业项目。

2016 年 1 月，亭东文化旗下的 ONE 实验室获得华创资本 6,000 万元 A 轮投资。ONE 实验室于 2016 年 3 月成立，2017 年 10 月解散。该实验室当时集结了众多优秀的特稿作者，成员杜强的非虚构作品《太平洋大逃杀》[②]卖出百万级影视改编权。虽然这个项目本是一个基于内容变现的设计（创作优秀非虚构作品，改编成影视作品），但因原创周期长，而且故事改编的不确定性，从而导致商业项目难以持续。

有媒体发现，纵观“ONE 实验室”微信公众号，除了团队成员在前东家的旧作，只有 10 篇原创的非虚构特稿。且在这几篇作品中，尚未有阅读量达“10 万＋”的现象，阅读量上万的作品只有 5 篇，占总篇数的二分之一[③]。

“真实故事计划”是北京观相文化有限公司于 2016 年 7 月上线的真实故事创作与分享平台，其定位就是“致力于真实故事的发现和价值实现”。平台向作者支付稿费，并拿到独家版权代理，之后与出版社、影视公司等建立联系，交易版权或进行联合开发。2016 年 6 月初，平台就获得由平安创投和高樟资本合投的 300 万元。2017 年 10 月其完成了 1,200 万元的 A 轮融资，投资方为宸铭传媒。2017 年，发起人雷磊受访时称计划推出“内容合伙人”的概念，“我们签约的作家，每个人都占股，跟公司一起成长。我希望这些人能以作家之名，通过平台获得变现，能活得很好”[④]。2018 年，“真实故事计划”开始举办非虚构创作大赛。首届 6 部获奖作品中，2 部已经确认电影改编、1 部将拍摄电视剧。

2017 年，香港传媒人张洁平成立了区块链内容平台 Matters，获得了天使投资。Matters 自称是“一个以分布式网络为基础的、加密货币驱动的创作和公共讨论平台”。Matters 希望围绕公共议题和知识生产，重构内容价值生态，搭建优质社群平台，保护创作版权；以独特算法令优质内容浮现，以数字货币让创作者、参与者获

① 需要说明的是，“真实故事计划”亦入驻“人间”，其定位是营利性质，还入驻了新浪专栏、简书等。

② 资料来源：https：//news.qq.com/a/20180208/028239.htm。

③ 娱乐独角兽 .ONE 实验室下架，“慢创作”与“赚快钱”的相悖论［EB/OL］.（2017-10-13）［2020-04-14］.https：//www.tmtpost.com/2849200.html.

④ 薛婷 . 唱衰非虚构写作？他打通影视改编又拿了 1200 万投资 股东为影视公司宸铭传媒［EB/OL］.（2017-10-11）［2020-04-14］. https：//www.pencilnews.cn/p/15419.html.

得持续回报。2019 年 10 月，Matters 和 LikeCoin 联手，将 LikeCoin 这一基于写作者创造力为衡量标准的加密货币，引入 Matters 的自由创作和公共讨论空间中，平台效应以收入的形式反馈给作者[①]。

针对资本的角逐，有学者作了如下解读："信息传播行业的整体结构性变化导致传播权利由传统机构新闻业向新媒体传播平台转移。这些平台的资本化和商业化水平远远高于传统媒体行业，商品化逻辑推动产品化和个性化服务意识进入新媒体平台新闻生产的核心，在这种市场化的新闻生产体系中，非虚构作品因其可读性和较高的叙事审美价值占据了较高的估值等级，从而受到平台化新媒体资本的追逐。"[②]

4. 叙事风格的变化

黄典林指出，"非虚构理念的兴起及其在新闻生产中的大规模应用被视为新技术驱动的媒介传播生态、政治和话语边界的收缩以及新媒体平台资本化趋势的产物。非虚构新闻话语对公共性的背景化处理、对个性化叙事的趣味性追求、对写作主体的多元化设定，以及产品化资本运作的生产机制，都与新时期的传播生态和政治经济形态相适应"。[③]

上述论点均针对新闻报道，它虽是非虚构叙事的一种，却也折射出了一些共性：非虚构叙事最重要的变化是平民视角和微叙事。这与精英视角与宏大叙事都有很大不同。"非虚构"叙事大量采用第一人称而非第三人称；聚焦普通人的故事，而且很多是边缘群体的故事。

5. 受众信息消费习惯的变化

"这世上没有什么从天而降的英雄，只有挺身而出的凡人。"换句话说，英雄少见，凡人常有。从另一角度来看，英雄与凡人的距离很远，但凡人与凡人却可以是近距离甚至零距离。

对于非虚构作品的凡人故事，从创作者角度来看，"按人类学家 Clifford Geertz 的说法，我们在书写他人时，其实就是把自己放在众多他者之中，尝试去明白自己的生活模式只是众多可能性之一，而只有当我们对人、文化以及生命的多元有了包容和同理心时，我们的作品才有实际意义"[④]。

反过来说，从受众角度来看，凡人故事与每个人都有接近性，更真实，也更具行动的参照价值。因此，受众愿意跟随创作者的视角进入一个凡人的生活时空，从

---

① 资料来源：https：//matters.news/about。
② 黄典林 . 话语范式转型：非虚构新闻叙事兴起的中国语境［J］. 新闻记者，2018（5）：35-43.
③ 黄典林 . 话语范式转型：非虚构新闻叙事兴起的中国语境［J］. 新闻记者，2018（5）：35-43.
④ 谭蕙芸 . 文字欲：回应时代的特写新闻［M］. 香港：香港中文大学出版社，2019：XIII.

而得到启示与感动。

四、“非虚构”写作特点

（一）真实不虚构

这一特点看起来是正确的废话。但对非虚构作品来说，其对内容真实性的挑剔程度远甚于大多数新闻体裁。小到天气情况、引述的对话，大到整个事实本身，都要经得起核查。比如《巴黎烧了吗？》一书，“事事有根据，人人有下落，句句有出处”，作者经过 1,000 天的采访，听了 800 人的口述，收集了 536 段个人经历，全景呈现了 1944 年 8 月 25 日巴黎解放的那一天。①

事实核查（fact checking，又译事实查核）一词在新闻业中有两种不同的含义。其历史可追溯到 20 世纪 20 年代美国主流新闻周刊的新闻编辑部聘请事实核查员来校对和核实记者在报道中的事实陈述。近年来，事实核查又成为热词，因为媒体要积极应对全球“假新闻”（尤其在社会媒体上）的激增。②

对非虚构作品来说，事实核查是指核查员确认事实、数据的真实性和准确性。从时间上看，事实核查可能是在作品发布之前，也可能在发布之后。

《纽约客》杂志编辑部有一个由 18 人组成的事实核查部，其负责核查送审文稿细节：时间、地名、场面和引语等。该杂志驻京记者欧逸文（Evan Osnos）曾发表《禁区》（*Forbidden Zone*）一文③，讲述汶川地震发生后媒体人胡舒立的表现。文中采访了钱钢等多位与胡有过交集的人。

钱钢是知名媒体人，以报告文学《唐山大地震》闻名于世。他撰文回忆道：

“周一打来电话的是一位女士④，她说同事已经交稿，文中内容要向我核查。我对曾采访我的记者印象很好。他富有采访经验，对事实和细节穷追不舍。然而这位事实核查员（fact checker）似乎更加谨慎。她核查的内容包括：时间、地名、场面；记者在文中引用的我的原话；记者本人提出，而得到我认同的某观点；等等。”⑤

美国报业大王普利策曾说过：“在一件事情的真相被彻底弄清之前，绝不放过它。连续报道！连续报道！……一定要坚信，真实对报纸来说犹如贞操对女人一样

---

① 科林斯，拉皮埃尔拉．巴黎烧了吗？［M］．董乐山，译．上海：译林出版社，2013.

② MANTZARLIS A. Journalism，“Fake News” & Disinformation［M］. Paris：UNESCO，2018：81-87.

③ OSNOS E.Forbidden zone［J］. The New Yorker，2009（7）.

④ 樊嘉扬系《纽约客》第一位中文事实核查员。冯兆音．何伟们如何讲中国故事［EB/OL］.（2019-07-01）［2020-12-30］.https：//theinitium.com/article/20151229-international-nonfiction/.

⑤ 钱钢．我接受了《纽约客》的核查［N］．南方周末，2009-07-09（E30）.

重要。”这对“非虚构”作者来说，是最佳信条。

美国一记者提出，要注意事实与虚构的界线：“从历史上看，非虚构作品包含着许多编造的内容。似乎 50 年前的专栏作家、体育和罪案记者（只是列举了最明显的几种）被授权可以虚构……当我们添加一个未曾出现的场景或一句没说过的引语时，我们就越界至虚构作品了。这一区别将我们带向两条基本原则：1. 不要增添，不要欺骗；2. 不要干扰他人，不要改变报道对象的行为。”①

反观当下一些所谓的“非虚构”作品，本不应匿名的主人公却匿名；更有甚者，编造故事以吸引人。比较典型的是网络爆文《一个出身寒门的状元之死》②。把造假的事实称为“非虚构”，实际上对“非虚构”造成了污名化。另外，“非虚构”作品部分情节失实，也会拉低大众对整个作品的评分。范雨素所写的《我是范雨素》一文就曾引发争议③。

有研究者指出，从作品内容来看，当下中国的“非虚构”写作主要有两个方向，即面向历史或面向现实；主要有三种类别，分别为自我经验类、调查访问类和史传书写类。从写作方式来看，“非虚构”写作在运用各种文学艺术手法的同时，吸收借鉴了新闻学、历史学、社会学等学科的田野调查、文献查阅等方法④。

文献查阅本是社会科学研究中经常使用的一种方法，通过收集、整理、分析有关的文献资料，以形成对某一特定对象的深刻认识的方法。就“非虚构”写作来说，文献的类型主要包括历史地理文献（如家国史、地方志、地理数据）和日常生活文件（如获奖证书、病历、学历证书、照片、影像资料和报刊等）。

“非虚构”之所以强调历史文献，是因为作者在写作时往往需要建构个人或事件

---

① 克雷默，考尔 . 哈佛非虚构写作课：怎么样讲好一个故事［M］. 王宇光，等译 . 北京：中国文史出版社，2015：210–212.

② 2019 年 1 月 29 日晚，咪蒙旗下微信公众号“才华有限青年”发布《一个出身寒门的状元之死》一文（作者杨乐多）。该文被质疑“造假杜撰”，引发圈内人士讨伐。对此，“才华有限青年”团队回应，文章不是新闻报道，是一篇非虚构写作，故事背景、核心事件是绝对真实的。2 月 1 日，咪蒙团队发布道歉信称，咪蒙公众号停更 2 个月、咪蒙微博永久关停。当月，霍尔果斯爆炸糖影视传媒有限公司旗下“咪蒙”“才华有限青年”公众号均已被注销，显示“该账号已自主注销，停止使用”。

③ 有人认为范雨素没有职业道德，泄露了雇主的隐私。在说明会上，王德志（皮村“工友之家”发起人之一）就此辩驳，“首先，范雨素写的不是自己的雇主，而是将从工友那里听来的故事整合在一起，范雨素也说了自己没有那么傻，其次，有钱人包二奶你们不去抨击，为何反过来骂揭露它的人”。有人继续质疑，倘若“如夫人”的片段是整合而成的，那么文章其他部分，又有多少是真实的多少是虚构的？指导老师张慧瑜以“问题太抽象无法回答”作为回应。夏偲婉 . 皮村魔幻夜，我们再没机会见到真正的范雨素［EB/OL］.（2017–05–03）［2020–11–20］.https：//site.douban.com/256536/widget/notes/190197660/note/618601172/.

④ 李家安 .“非虚构”写作论［D］. 南昌：江西师范大学，2018.

与历史的关联，并呈现与主题相关的生活环境。这些历史文献亦是写作真实性的护航。

有研究者认为，真实性在“非虚构”作品中的具体表现：素材的真实，作品的素材往往经由作家[①]亲自走访问询、调查研究以及查阅文献中得来；本质的真实，作品中所阐发的观点反映出中国当下的社会问题、现实矛盾，并伴随着作家诚挚的情感体验。[②]

（二）浸入式采访

普利策新闻奖得主 Leon Dash（莱昂·达什）对沉浸式报道（immersion journalism）界定如下：它一如其名，让写作者沉浸在他人的生活中，从而对影响他们生活、选择和决策的诸多事情有一个深切的了解。[③]非虚构作家、记者 Ted Conover（特德·康诺弗）的认识与之类似：“沉浸式报道是由写作者努力将自己融入他人的世界里一段时间后创作出来的作品。”[④]

非虚构写作活动要求写作者要有扎实、翔实的采访过程。浸入式采访是常用的方法。这就要求记者真正深入被采访对象的生活情境中，经过与被采访对象的长期接触，了解事件或现象的深层原因。浸入式采访需要深度参与、长期观察，甚至体验式采访。

Ted Conover 就比较典型。1980 年，他学习了三年人类学，以“扒火车”的形式完成了自己的毕业论文，并在此基础上出版了第一部作品《迷踪》（*Rolling Nowhere*）；1997 年，为了写狱警的故事，他应聘到美国纽约州 Sing Sing 监狱当了 9 个月狱警，写成了《新杰克》（*Newjack:Guarding Sing Sing*）一书。[⑤]Jonathan Harr（乔纳森·哈尔）自 1986 年开始调查一起诉讼案（在美国马萨诸塞州的一个工业小镇——沃本，12 个小孩死于或将要死于白血病，其中有 8 个人是近邻。死者父母怀疑是水质问题导致白血病，聘请了专攻人身伤害案的律师状告两家公司），经过长达 8 年的观察以及对事件当事人的不断采访，他于 1995 年正式出版了作品《法网

---

① 原文如此。“作家”亦可改为写作者。

② 薛月兵，等. 浅谈“非虚构”写作的二重真实性［J］. 今传媒，2019（9）：136–139.

③ 资料来源：Leon Dash 的 Immersion Journalism 课程介绍（PDF 版），https：//www.openschoolofjournalism.com/documents/13647/106563/JG190_Immersion-Journalism.pdf/4c668f76-bd07-41e2-a027-b565cd4243d7。

④ CONOVER T.Immersion：a writer's guide to going deep［M］.London：The University of Chicago Press，2016：4.

⑤ 博因顿. 新新新闻主义：美国顶尖非虚构作家写作技巧访谈录［M］. 刘蒙之，译. 北京：北京师范大学出版社，2018：2–4.

边缘》(*A Civil Action*),[①] 并以 125 万美元卖出该书的电影版权。

俄国非虚构作家阿列克谢耶维奇为了写作《来自切尔诺贝利的声音》,访问了上百位受到切尔诺贝利核灾影响的人,有居民、消防员、历史学家、科学家、官员、救援人员的家人和摄影师等。梁鸿为了写作《出梁庄记》,跑遍全国十一个省市,访谈了 340 余人。慕容雪村为了写作《中国,少了一味药》,冒着生命危险卧底传销组织 23 天,向读者展示了传销者如何蛊惑普通人。[②]

2019 年 8 月 31 日,在瑞士伯尔尼记者节上,中国记者杜强凭借作品《废物俱乐部》,在全球九百多篇报道中脱颖而出,获得首届"真实故事奖"(TRUE STORY AWARD)三等奖。2017 年夏天,为写作这组报道,杜强曾在深圳三和人力市场卧底体验四十多天,像"三和大神"一般生活。

浸入式采访的好处有多种:通过现场观察与体验,作者可以获取有效信息;与报道对象保持一种心理近距离,从而打开对方心扉;强化报道的真实感。事实上,优秀的非虚构写作特别注重场景的描写。这些素材就来源于浸入式采访。

需要指出的是,记者在浸入式采访时,往往期待自己像一只墙上苍蝇(fly on the wall,暗中偷听者、暗中观察者)一般不为人察觉。但在实践中,这样的目标其实很难实现,大多数情况下,记者是一个参与式的观察者。[③]

(三)常用第一人称

非虚构作品中,作者讲自己亲历的故事时,当然会用第一人称;在呈现他人故事时,亦多用第一人称。只不过,后者中的"我",并非故事的主人公,而是故事的讲述者或引路人。

美国记者特德·康诺弗说,"第一人称的叙事,可以让读者觉得我是他们的替身:为那些他们没见过的事情而感到惊讶,为那些离奇的事情而感到别扭,为那些牛事而感到欢悦"。"不过需要注意的是,主角并不是我,而是他们。读者支持谦恭的叙述人。"[④]

---

① HARR J.A civil action[M].London:Random House,1995;哈尔 . 漫长的诉讼[M]. 李文远,于洋,译 . 北京:新世界出版社,2018. 电影《法网边缘》根据该书改编,1998 年上映,由 Steven Zaillian(史蒂文·扎伊利安)执导。

② 刘蒙之,张焕敏 . 非虚构写作:内涵、特点以及在我国兴起的多维因素[J]. 媒介批评,2017(1):216–224.

③ 博因顿 . 新新新闻主义:美国顶尖非虚构作家写作技巧访谈录[M]. 刘蒙之,译 . 北京:北京师范大学出版社,2018:59.

④ 克雷默,考尔 . 哈佛非虚构写作课:怎么样讲好一个故事[M]. 王宇光,等译 . 北京:中国文史出版社,2015:54–55.

或许有人会说，第一人称的报道可能会违背客观性原则。对非虚构作品来说，往往会有写作者真实的内心感受，写作者开动感官，去看、去问、去听、去回应，确实带有独一的视角，虽有主观性，但却是真实不虚的。美国非虚构作家何伟认为这是一种平衡："如果故事过于以自我为中心，那就成了旅行者日记。目前的普遍趋势是减少作者现身，作者常常是隐而不见的。这就是报纸的标准做法，说是能保持焦点和不偏不倚。不过，这也使主题显得更为遥远和陌生。我在写人物时，希望描写我们交流互动的方式，以及让我们具有同感和分歧的那些事情……非虚构写作的乐趣正在于探寻叙事和报道之间的平衡，找到办法，既爱说话又爱观察。"①

洪治纲将这种第一人称的写作界定为"介入式写作"："作家们在叙事中的自我介入，完全是积极主动的，不是消极被动的；是微观化的，不是宏观性的；是现场直击式的，不是经验转述式的。"②

在新闻报道中，不少新闻体裁都强调报道要客观，非虚构作品却反其道行之，强调"我"的在场，虽然有了主观性的视角，却让故事更加有血有肉，从而真实可感。

（四）常聚焦普通人

就"非虚构"作品来说，作者可以是记者，可以是自由撰稿人，也可以是普通写作者，报道的主人公则多是普通人。这些普通人中，边缘群体又占了不小的比例。

"正午故事"创始人之一郭玉洁曾这样写道：

（非虚构写作）这种命名也解放了媒体逐渐建立起来的选题等级：官员、商人和热点优先，成功者的故事优先。有时，我们会捡起其他媒体弃而不用的选题，它们或者是普通人的故事，"不够重要"，或者是"不像新闻"。尽管这是我们可以感知的现实，尽管写作者对题材充满感情，但是因为不"主流"，就有不被讲述进而被遗忘的危险。历史的书写，从来如此。③

这一编辑方针有些像《冰点周刊》："'冰点'不是'热点'，不是'焦点'。'冰点'也不跟风，不摇摆。它性格温和，但持之以恒，一以贯之。"④

从写作者层面来看，这是让"不见"变为"可见"。爆破工出身的陈年喜就是

---

① 何伟．奇石：来自东西方的报道［M］．李雪顺，译．上海：上海译文出版社，2014：前言．

② 洪治纲．论非虚构写作［J］．文学评论，2016（3）：62–71．

③ 正午故事．正午 3：到海底去［M］．北京：台海出版社，2016：前言．

④ 杜涌涛．冰点周刊：矜持态度 精致阅读［EB/OL］．（2009–08–04）［2020–11–20］．http：//zqb.cyol.com/content/2009-08/04/content_2787755.htm.

很好的一个例子。他被称为矿工诗人，于 2021 年推出了两本非虚构作品《活着就是冲天一喊》和《微尘》。他在耶鲁大学交流时曾说："再'低微'的骨头里也有江河！我写，是因为我有话要说。"①

五、"非虚构"作品不同于新闻特稿

作为一种叙事类型，非虚构并不新，中外亦然。在中国古代，《史记》《资治通鉴》都可以被列为非虚构创作的典范。在欧美，书店和图书馆常以虚构类和非虚构类将图书归类。冯骥才一句总结非常到位："非虚构写作并不等于非虚构文学，但是非虚构文学绝对属于非虚构写作……非虚构是凭着事实说话，它是历史的本身，也是现实的本身。"②

非虚构在当下成为一种风潮，与文学杂志、媒体机构和商业力量的推动密切相关，也与民众的教育水平与立言意识相关。在注意力经济时代，一个标签可能是噱头，却能成为推动内容生产的动力。从这个意义上说，非虚构成为风潮，是时代之需，因而也是一种必然。

狭义上的非虚构作品，多是项目化操作，并不强调时效性。但其产制特点亦很突出，比如真实不虚构、注重历史文献、浸入式采访、常用第一人称和多聚焦普通人等。由于非虚构作者队伍中不少是前媒体特稿记者，学界和业界很多人把"非虚构"作品与新闻特稿画上等号③，谷雨故事也将非虚构写作称为"特稿""新特稿"，但这是值得商榷的。

新闻特稿与非虚构作品有许多不同点：时效性较强，多用第三人称。特稿注重对人性的挖掘。其中，"苦熬"与"抗争"是故事主人公常见的生活状态。在故事方面，新闻特稿强调议题的公共性；在表现形式上，新闻特稿强调文学技巧。④

笔者尝试对非虚构作品与新闻特稿的异同列出表格以供讨论（见表 5-2）：

---

① 陈年喜 . 活着就是冲天一喊［M］. 北京：台海出版社，2021：234.

② 冯骥才 . 非虚构写作：现实有着不可辩驳的力量［J］. 写作，2018（7）：5-10.

③ 南方周末前特稿记者叶伟民就曾说："特稿实际上是非虚构写作在新闻领域的具体应用。"叶伟民 . 不丈量，无故事 | 自媒体时代的非虚构写作［EB/OL］.（2020-04-20）［2022-03-01］.https：//zhuanlan.zhihu.com/p/29458643. "真实故事计划"创始人雷磊则说："我一直觉得人们对于非虚构有两个误解，首先特稿其实只是非虚构的子集，非虚构涉及的范围非常广泛，传记、个人故事集，当然还有特稿等，涵盖了非常丰富的内容。"三声 . 别着急，非虚构好着呢：ONE 实验室团队解散是否意味着这几年火热的非虚构写作进入了拐点？［EB/OL］.（2017-10-12）［2020-04-20］.www.jiemian.com/article/1674129.html.

④ 张玉洪 . 新闻特稿"特"在哪里？［J］. 青年记者，2021（7）：50-53.

表 5-2 非虚构作品与新闻特稿的异同

类型		非虚构作品	新闻特稿
同		注重真实性	
内 容	时效性	较弱	较强
	新闻性	弱	强
	主题	多样	偏重人性
	故事	私故事，公共性弱	私故事，公共话题
主 体	作者	记者、作家、自由撰稿人	多为记者
	报道对象	多为普通人的普通故事	不限于普通人，关注普通人的非常际遇
	视角	多为第一人称	多为第三人称
	文本	故事、日记、口述等	故事
呈 现	写作风格	纪实性	文学性
	篇目	单篇或多篇（居多）	多为单篇
	操作时间	长	较长
	出版形式	报道、主题图书	报道、结集出版

从表 5-2 我们可以看出，非虚构作品在聚集普通人时，与新闻特稿还是有很大不同的。前者多为纪实性的普通故事，而后者则注重文学性地呈现传奇经历（往往是困境）。

杜强所写的非虚构作品《废物俱乐部》聚焦深圳“三和大神”[①]这一群体。它呈现的就是“中国从来没有过的一个新的阶层——游民阶层。以前的游民可能是乞丐、卖艺的，但三和这帮人就是工作、结婚、买房什么的统统不要。这种情况背后的社会动因是很深刻的，有中国当下性别失衡的问题，也有产业结构变迁的问题，还有阶层固化的问题，有网络成瘾、赌博等各种各样的问题。报道这个群体能把这些问题揭露出来，是一个非常深刻的题材”[②]。

与“三和大神”类似的群体是“杀马特”。“杀马特”一词源于英文单词 smart，意思为时尚的、聪明的。在中国，杀马特文化兴起于 2008 年前后，活跃了五年左右。源自日本的视觉系和欧美的另类摇滚文化，后跟随网络传播在年轻群体中发酵变异，并由此形成了一种与主流审美迥异的青年亚文化。但在主流媒体与普通民众

① “三和大神”是指游荡在深圳市龙华新区景乐新村北区三和人力市场一带的新一代农民工。很多人没有身份证，身背债务，与家人鲜有来往，凭借薪水日结的工作和低廉的生活成本得过且过。2018 年，NHK 曾播出相关纪录片《三和人才市场》。

② 周秭沫 . 专访非虚构写作者杜强：好的作品展现恒久题材与深刻人性［EB/OL］.（2018-09-28）［2020-04-20］.https：//www.thepaper.cn/newsDetail_forward_2473535.

眼中，“杀马特”一度被视为社会“异端”。2019 年，李一凡执导的纪录片《杀马特我爱你》上线，才把这一群体的真实面目呈现在世人面前。

上述两个群体都是普通人，他们的故事都是“非虚构”写作的好题材。

六、非虚构作品案例分析

（一）西方非虚构作品

何伟（英文名：Peter Hessler），美国记者、非虚构作家。1969 年出生于美国宾夕法尼亚州匹兹堡市，成长于密苏里州哥伦比亚市，毕业于普林斯顿大学，主修英文和写作，后获得英国牛津大学文学硕士学位。20 世纪 90 年代中期，其作为美国志愿者组织“和平队”（Peace Corps）的一员到重庆涪陵师专支教，此后在中国工作多年。曾任《纽约客》、美国《国家地理》杂志、《华尔街日报》和《纽约时报》等媒体的自由撰稿人。曾居留埃及和美国。2019 年，他回到中国，任教于四川大学匹兹堡学院，并教授“非虚构写作”课程。

他著有“中国纪实”三部曲：《江城》（*River Town: Two Years on the Yangtze*）、《甲骨文》（*Oracle Bones: A Journey Between China's Past and Present*）和《寻路中国》（*Country Driving: A Journey Through China from Farm to Factory*）。

【作品评析】

《多恩医生》

彼得·海斯勒（中文名：何伟）是广受中国大陆读者赞誉的美国记者。这主要源于他写的中国题材作品，不仅给中国读者提供了独特的视角（第三只眼带来的陌生感），还在于非虚构叙事的别具匠心。

这篇《多恩医生》则是他作为一个美国人去写另一个美国人的故事。多恩在美国西部科罗拉多纽克拉小镇开了一间小药店。虽然经营了三十年，却谈不上盈利，因为赊账的不少。多恩医生是很普通的一个人，却也是有故事的人。非虚构作品的一大特点是让“不可见”变为“可见”。通过这一篇作品，人们知道了美国卫生系统上的这一颗螺丝钉，并深深体会到了人性的美好。

报道的主题强调的是社区意识，往大了说，是共同体意识。多恩医生说：“每个人都是这个社区的一分子。没有谁更好些，也没有谁更坏些。我们全都一样。”

何伟进行了大量采访，并查询文献，从而深度挖掘多恩是什么样的人，回答了为什么时代催生了多恩这一问题。

从素材组成看，文章有三个关键词：1. 遗产，2. 哥哥，3. 赊账。按何伟在四川大学“非虚构写作”课上的说法[①]，前面两个是多恩给他讲的：“遗产”故事讲的是一位外来的独居老人，因为受到多恩的悉心照料，死后留给他 50 万美元的遗产（除去后续的丧葬和税费，最后大概剩下 30 万美元）；多恩的哥哥，因为同性恋者的身份，在保守的小镇上待不下去，远走他乡，后来两人在父亲去世时又联系上了，哥哥不断叫多恩去探访他，但多恩心里一直有疙瘩，觉得看到哥哥和男朋友接吻会不舒服，就一直没去，后来哥哥得艾滋病去世了，多恩很惭愧。“赊账”的故事是小镇上的人给何伟讲的，就是有些人付不起药费，多恩就让他们赊账，赊账的金额差不多是 30 万，和多恩得到的遗产相当。

这三个关键词，在写作时可以有三种排列方式。

第一种：1. 遗产，2. 哥哥，3. 赊账（这实际是何伟听说三件事的时间顺序）。这会让读者觉得你先得到了这笔遗产才让当地人赊账，其实多恩并不是很在意这件事。

第二种：1. 哥哥，2. 赊账，3. 遗产。先讲哥哥的事情，会让读者对多恩的同情减少，因为在哥哥的故事里面他的角色或多或少有些不光彩。

第三种：1. 赊账，2. 哥哥，3. 遗产。这是行文的顺序。这种排列显然要好很多，先让读者对这个人有好印象，再讲哥哥的事情，让读者觉得，啊，这样一个好人也是人，这时候因为有了前面的同情，这里会拉近读者和人物的距离。后面再讲得到遗产，抵销了赊账，好人有好报的结局。

由此可见，在叙事时，素材的获得很重要，谋篇布局也很重要。何伟在文中也谈到写作此文的想法：“在我看来，很有必要用到道德的微积分不断累加出一个在前乌托邦社区的关于救赎和回报的美好故事。他（多恩）看到了另一种类型的联系，这些人和事更像是轮子上的辐条。它们互不接触，但总跟更大的事物相关联，而他的角色便是让所有事物以最好的方式不断运转。”

（二）中国非虚构作品

“倾听·人生”是《杭州日报》的副刊栏目，创刊于 2000 年。它以口述实录体的方式，讲述小人物的命运故事，折射大时代的变迁。文章坚持“说亲身经历，看世道人心”，始终把目光投注到更广阔、更深邃、更曲折、更动人的平凡人生中，收集公众记忆，以点点滴滴折射大千世界。迄今已记录了 1,000 多个人物故事。它也是国内媒体较早开创并坚持至今的口述历史常青树专栏。该栏目在 2020 年曾结集出版《见证——＜倾听·人生＞二十年精选集（2000—2020）（上下卷）》（董悦、

① 何雨珈 . 一年以后，何伟的非虚构写作课怎么样了［EB/OL］.（2020-12-18）［2022-11-25］.https://mp.weixin.qq.com/s/olG2CAmlX-r44ORvEzgeEQ].

万光政编，杭州出版社出版）。

此处选择的作品是 2022 年 1 月 17 日《杭州日报》品牌栏目“倾听・人生”推出的《我们的天才儿子》一文。截至 2022 年 1 月 18 日下午，全网阅读量已过亿。新华网、人民网、光明网、澎湃新闻、网易、新浪、搜狐等全国媒体纷纷转发，新华社、《人民日报》、中央电视台分别做了专题报道，成为 2022 年开年的现象级作品。

我们的天才儿子①

口述 金性勇 整理 叶全新

倾听・人生

我们的天才儿子

图 5-1　见报版面

2021 年 11 月 11 号上午，我在杭州殡仪馆放好了老伴儿的骨灰盒，感觉自己手发颤，走路腿也抖。我让几个亲友先走，我还想陪她一会儿。

老伴儿脑子清醒时曾跟我说，哪天她走了，骨灰盒先放殡仪馆里，以后是安葬还是撒到江里海里，要等大儿子回家再决定怎么处理。

但我没有打电话给金晓天，现在全世界疫情，他回不来。也没有告诉金晓宇，11 月之前他就住院了。

① 原载《杭州日报》2022 年 1 月 17 日“倾听・人生”版（第 12 版）。

让孩子们以为妈妈还活着吧。

我望着那个盒子，和老伴儿说：我要打电话了，你同意吧？哪天我也走了，就没有人知道我们儿子的事了。

我从挂在手腕上的小包里，摸出老年手机和一张《杭州日报》。报头上有我抄的“倾听·人生”的电话号码。电话接通了。我说，“你们能不能写我儿子的故事？我儿子是天才，他现在在精神病院，他妈妈今天刚走了”。

我急得团团转，小宇却回家了。问他去温州干什么，他说下车吃了点东西就回来了。我心里叫苦，这是躁狂症病的前兆啊

每年11月到第二年3月，是我儿子小宇最难熬的日子。

去年10月，儿子已经很久没出门。这天吃过晚饭六点钟，他说：“爸，晚上药我吃过了，不会走远，7点肯定回来。”我叮嘱他早点回家，别的不敢多问。

小宇出门从来不带手机，7点、8点、9点……11点，我急了，跑到派出所报案。

过去他在马路上瞎晃，民警碰到都会带他回来。第二天，民警查监控，发现小宇晚上乘151路到了城站火车站，买了去温州的票。他身上可能有一百多块钱。

我急得团团转，小宇却回家了。问他去温州干什么，他说下车吃了点东西就回来了。看他若无其事，我心里叫苦，这是躁狂症发病的前兆啊。

又过了几天，小宇过马路，迎面一个快递员，他一拳打掉了人家的门牙……不久，七院来人，将小宇带走。儿子呼天喊地：爸爸救救我，我不去医院啊，不要去啊。

万没想到那孩子在玩具手枪里放了一根针，一枪打到小宇眼睛里。小宇的一只眼睛从此瞎了

我的老家在浙江桐乡，父亲是小学校长，老伴儿的妈妈，那时候是我的老师。我们两家住在同一个门头里，算得上青梅竹马。

我老伴儿叫曹美藻。我考进了上海化工学院，美藻考到了南京大学化学系。毕业后，同分配到天津工作。1967年我们结婚了，先是生了大儿子金晓天，1972年又生了小儿子金晓宇。

1984年，我们带着两个儿子落叶归根回到杭州。这么执意回来是因为心里扎进一根刺，万想不到它变成了一把刀。小宇的命怎么会这么苦？

在天津时，我们住集体宿舍，一间房十五六平方米。六岁那年，小宇和邻居孩子一起玩，那孩子手里有一把玩具手枪，可以放小纸球射出来。万没想到那天他放了一根针，一枪打到小宇眼睛里，左眼晶体碎了。

小宇的一只眼睛从此瞎了，只能斜眼看东西。他还反过来安慰我们：没关系，习惯了。

两个儿子都聪明。回杭州后，大儿子考进复旦大学，后来考托福去了澳大利亚。小宇高一时分在尖子班，老师说考大学完全没问题。但有一天，小宇突然和我们说，“我不上大学了，也不要读高中了”。

我们以为小孩子厌学说说玩的，可他真的天天赖在家里。我让朋友帮忙，介绍小宇去解放路新华书店当售货员。我想，过段时间孩子就想回学校了。

两个月不到，书店不要他了。起因是有位老顾客在店里看书，小宇说人家是小偷，争执起来。我又把小宇介绍到排气扇厂当工人，没几天他就不肯去上班了，说那些工友对他不好。

他不上学后，我和他妈每天上班走之前，他在床上，下班回家，他还在床上。他也不跟我们说话，会突然发脾气，情绪极不稳定，完全变了一个人。

有一天，我和他妈妈坐在沙发上看电视，轰隆一声巨响。小宇把厨房的冰箱推倒了。这是他第一次出现暴力行为。

因为这，我们家一直家徒四壁。全杭州可能就我家没有电视机，之前被小宇砸坏了三个，往里面灌水。冰箱、洗衣机换过好几个了，还有桌子、书架、柜子、门……好好的，突然轰一声，你说怎么办?

小宇妈妈绝望地问我：“他是疯了吗？”

孩子这些表现不是性格问题了，我就看书找原因，小宇的症状符合精神类疾病。去几家医院看了，都诊断是躁狂抑郁症

很长时间，我们不知道孩子这是生病了。当他说想考大学，我们喜出望外，让他进了补习班。小宇高中基本没上过，几个月后，高考成绩让人吃惊，离一本线只差3分。

二本志愿填了杭大外语系，分数也超线了。我们很开心地等学校通知。谁知学校将档案退回，档案里记录了小宇高中时不守纪律、缺课。

七转八转，小宇进了树人大学，可是只读了一年就犯病了。据同学讲，他们几个到外面喝酒，小宇表现得异常兴奋，回校后还往老师的汽车顶上爬，拉都拉不住。

学校以为是发酒疯，把他送到医院。小宇看到我，很愤怒：“你来干什么？把针头拔掉，我要回家！”

我把他带回家。我知道这孩子与学校从此无缘了。

有两年，他埋头自学，比上学还用功。两年后，他拿到了浙江大学英语系的自考毕业文凭。

但接着发生了可怕的事，当时我不在家。小宇睡在床上怎么也叫不醒，他妈发现他是吃了安眠药自杀，赶紧和邻居把他送到医院洗胃。幸亏药量不足，孩子救了回来。

又过了段时间，我们听到哗啦一声响，冲进房间看到小宇摔在地上，一圈皮带挂在天花板吊灯和窗户之间。我和他妈抱着他哭，“孩子，你不要做傻事啊！”

我是研究医药化工的，孩子这些表现不是性格问题了，我就看书找原因，小宇的症状符合精神类疾病。去几家医院看了，都诊断是躁狂抑郁症，也叫双相情感障碍，病人会抑郁和躁狂交替发作。小宇不上学，情绪低落，晚上不睡觉，甚至自杀，这些都是在抑郁期；无端猜疑指责别人，狂躁不安，有破坏行为，是转入了躁狂期。

儿子不想死了，什么都不重要了，不读书不上大学不工作不成家，我们都能接受——只要他活着

精神科专家说这病来得快去得快，危险就在于不知道什么时候来什么时候去，吃药也不能控制，唯一能做的就是及时送医院。1992年起，基本每年都要送小宇进去。

我买了很多精神疾病的书看。最后有两点让一个父亲不至于崩溃：一是通常这类病人一两次自杀未遂后很少再有这个念头，他们会比之前珍惜生命；二是这类病人会在精神领域不同凡响，甚至表现出天才性的创造力。

我读到一本书叫《躁狂抑郁多才俊》，是美国一名精神病医师写的，里面列举了25位历史名人：贝多芬、凡·高、牛顿、海明威……他们终其一生都有双相情感障碍的典型表现，承受了超出常人的痛苦。又都是具有伟大想象力的天才艺术家。

懂得这些知识后，我最大的宽慰就是小宇可能不会再自杀了。至于“天才”，我没去想过，毕竟不是所有精神病人都能成为凡·高、牛顿，即使成了天才也需要两点：一是活着，二是机遇。

儿子不想死了，我和他妈忽然觉得什么都不重要了，不读书不上大学不工作不成家，我们都能接受——只要他活着。

小宇说，爸爸你放心，这些年我出门就是到浙江图书馆，我不是去玩，我借过的每本书，都有金晓宇的名字

又过了十年，2010年，老伴儿去南大开50周年同学会。也许是天怜英才，也许是一个母亲的精诚所至，这场同学会竟然改变了小宇接下来的命运。

听说我家孩子因病没有工作，一位留校做了教授的同学就问她：能不能请你儿子在家做翻译？

我老伴儿说，小宇的英语日语都很好，请给他一个机会试试吧。

时光回到 20 世纪 90 年代，那是我们家最困难的时期，到处治病要花钱，孩子出门闯祸要赔钱，但我还是竭尽所能满足小宇的要求。他最大的要求就是买书——英语、日语、古文、围棋、音乐、绘画、地理等，各种书籍买了两百多本。

1993 年，我冒着被砸坏的风险，花一万两千块钱给小宇买了一台联想电脑。小宇那天高兴地说，“爸爸，谢谢你！”

之后，他发病时也摔过东西，但从不碰电脑。电脑成了小宇的另一个世界。他也不玩游戏，主要就做两件事：自学外语、看原声电影。他用了六年时间自学了德语、日语，巩固英语。看外语电影，他先看带中文字幕的，看懂后，做一个纸条挡住字幕再看。一部电影反复看 N 遍，直到完全听懂。

这一切给小宇带来的兴奋和投入，是孩子在躁狂期创造力增强的表现。“机会总是给有准备的人”，我从没想过这句话跟小宇有什么关系。直到十年后，他妈妈开同学会回来，我才忽然觉得，这些年和孩子一起经历的事，就像是一个训练营——

原来，机会真的是给每一个有准备的人。

南大出版社很快寄来了美国女作家安德烈娅·巴雷特的八部短篇小说，让小宇翻一篇试试。

他以最快速度翻译了其中一篇《船热》。交稿时跟出版社说：“如果审核通过，剩下的也请交给我翻。”

我很惊讶，这是文学啊，翻译等于再创作，一篇还不知道行不行，一整本书你能翻译好吗？

小宇说：“行的，爸爸你放心，我翻的不会比别人差，这些年我出门就是到浙江图书馆，我不是去玩，你到浙图查下借阅登记卡，我借过的每本书，都有金晓宇的名字。”

“那你看过几本小说？”

“我看完了图书馆里所有的外语小说。”

编辑部负责人来我家看小宇，他说金晓宇译的书稿寄到编辑部，大家都抢着做责任编辑，因为全书没有错字、错句、错译，每本书都好卖

小宇接受了出版社的任务，开始了他的翻译人生。十年里，小宇以每年两本书的速度，一共翻译了 22 本书。他短暂又高产的翻译生涯，是我们全家最难得最幸福的岁月。

翻译日本女作家多和田叶子的小说《狗女婿上门》时，小宇天天看日本相扑比赛，为了提升翻译的准确度。屏幕下方，挡字幕的纸条飞舞。屏幕上，两个只系着腰带的大力士在翻滚打斗。我们父子俩看得哈哈大笑。

孩子一生没有朋友。我作为父亲，最有幸的是在这十年成为孩子最好的朋友、助手。我买了扫描仪、打印机，跑邮政帮他收外文样稿，买资料书，翻译完给他打印样稿，译文每本都是几百页，小山堆一样，再帮他校稿、寄出样书……每本书从样稿到出版，我都是第一读者。惊喜的是我从没看到过一个错字，22本书、近七百万字，你说我不容易？是小宇更不容易啊！

编辑部负责人来我家看过小宇，他说金晓宇译的书稿寄到编辑部，大家都抢着做责任编辑，因为全书没有错字、错句、错译，每本书都好卖，读者反响很好。

南大同学打电话祝贺孩子妈妈，“你们养了一个天才！”

但除了南大，翻译界没人知道金晓宇是谁，社会上没人知道我儿子到底付出了多少心血，更没人知道这些书是一个躁郁症患者翻译的。从没露出过笑脸的小宇，第一次眉开眼笑地告诉我：“爸爸，浙江图书馆里也有我翻译的书，我还特意去查了借书登记本，有很多读者借过金晓宇译的书哦！”

新书出版后，小宇会去查看豆瓣评分，“爸爸，爸爸，都是8分以上，还有很多读者评论好看……”

我一句话也说不出来，只笑着点头，“好、好”。

妈妈痴呆了，小宇非常难过，他说我能翻译书是妈妈的功劳

老伴儿这一生过得很辛苦，她当年是高才生，有文化有专业，她勤劳节俭，全家人四季衣服都是自己做的。小宇不知砸坏了多少东西，妈妈的缝纫机他从不砸。

2000年前后，老伴儿开始炒股。我们分工默契，我在家守儿子，她每天去证券交易所。我明白她炒股是为小宇存钱，从孩子童年瞎了一只眼后，她的心就扑在小宇身上。后来小宇的病让我们毫无办法，她的绝望无奈都埋在心里了。小宇在家翻译，让她看到一丝光亮，但她自己这盏灯却要灭了。

2015年，老伴儿说自己记性不好，不炒股了，要把存款都交代给我。我这才知道她有200万元理财产品拿不回来，我想尽办法追回款子，还是有50万元丢了。这件事后老伴儿的健康每况愈下，之后确诊得了阿尔茨海默病，接着日常生活不能自理，在床上躺了三年。

妈妈痴呆了，小宇非常难过，他说他能翻译书是妈妈的功劳。每次出版社寄十本样书给小宇，他都第一时间冲到床边送到妈妈手里，讲给妈妈听。后来，他妈妈开始不会说话、不认得家人。

古话说，久病床前无孝子，但我儿子就是真孝子。妈妈痴呆了好几年，他从没对妈妈发过脾气，还为妈妈做了很多事。白天他照顾妈妈，负责买菜，每天买妈妈喜欢吃的虾，饭后洗碗，再给老妈洗脸。我管晚上的事，做三餐饭，给老伴儿剥虾喂饭。

他妈妈三年没上过厕所，每两个小时要接一次大小便。先前她的脚还有力气，抱她坐到床边一个便桶椅上，后来只能抱着拖拽下来。我 80 岁了，真抱不动，幸亏有小宇。没有小宇，我们可能都死了。

小宇很仔细很耐心，有时小宇做这些事时，他妈妈的眼里有泪。每天小宇抱着妈妈喊"老妈啊，老妈啊"。他心里记着妈妈的恩，从六岁剩下一只眼，妈妈就为他流泪，抱着他不知哭了多少次。我心里想说，儿子啊，你长大后更是不知妈妈为你哭过多少次啊。

这三年，我真正明白了什么叫相依为命，这三年也是小宇翻译冲刺时期，除了南大，别的出版社也找他翻译了，书一本比一本厚。孩子的病症也奇迹般减少，照顾妈妈，日夜翻书，小宇一直很安静很努力，直到去年 11 月。

小宇的第 22 本是德文书。早在 2016 年，他就接到出版社约稿，请他翻译德国思想家本雅明的《书信集》。这本书有 53 万字。拿到德文书稿后，小宇通宵达旦查阅资料，连发病都忘了，只用一年时间就交出译稿。

可惜，由于出版社的原因，这本书迟迟没能出版。小宇天天在等。

这些年我们非常感谢社区、感谢湖墅派出所、拱墅区残联、侨联的照顾，让我儿子能够健康地走向社会、为社会做更多贡献。

这些年也有人不理解，说我要儿子搞翻译是为了挣钱，我只有苦笑。他们不知道翻译根本不挣钱，新书只是我儿子命悬一线时的强心剂。书久等不见，我最担心的事还是发生了，11 月之前小宇跑到温州去了。

她走了，我没有一丝一毫的解脱。我已经习惯她活着，习惯天天为她做事

11 月 8 日晚上，我像平常一样睡前摸老伴儿的额头、脸，再去摸脚。怕她冷了、热了，摸了才知道。

这天，我摸哪里都是寒的，脚像冰块一样。我赶紧开空调，开到 25 度，又抱了一床毯子加在被子上。过半小时再摸，还是没有一丝热气。

我慌了，抱着她的头靠在怀里，"靠牢我靠牢我"，我脸贴着脸，但还是越来越冷。"你不能走，不能走啊！"我把脸贴得更近，手哆嗦着摸她的鼻子，没气了，往下摸，心脏不跳了。

我不知道怎么办，完全没有思想准备。她走了，我儿子没有妈妈了。

我还在计划给老伴儿做插管手术，有个 90 多岁的邻居也是这个情况，做了手术还活着。我为什么没早点给她做呢？这一夜我守着老伴儿越来越冷的身体，流泪，自责，后悔。

虽然她早就不认识我，早就什么都不知道，但我知道她还活着，知道我每天是为她、为儿子活着。她走了，我没有一丝一毫的解脱。我已经习惯她活着，习惯天天为她做事。三年来我睡她床横头的沙发，晚上我能听见她的呼噜声、呼吸声、咳嗽声……我像钟表一样准时，两小时准会醒来，跟她说话，给她翻身，喂她喝水……现在这么安静，什么都听不到了，什么都不能做了。

上周我去医院看过小宇，给他送点吃的。每次去那里看他，每次都听他哭叫，“求求你带我回家，爸爸我们回家吧……”

儿子春天会回来，他会让妈妈看他的新书。

《书信集》终于寄来了。

【作品评析】

当日刊出这篇非虚构作品时，编辑戴维在题为《天才翻译家和他的父亲》的“读稿人语”中这样写道：

“了解他们的故事，你会潸然泪下。这诚然是一个悲伤的故事，但也洋溢着坚韧不拔的爱，无法被摧毁的爱。爱能催生出强大无比的意志，能承受生活沉重的压力。只有父爱才能让一个父亲坚信自己的孩子，不放弃自己的孩子。这个承诺不是一年两年，而是永远、永远。

“在命运面前，在不幸面前，一个家庭就像一艘漂泊的小船，劈波斩浪，沉浮与共。我们相信，这艘小船最终能在一个巨大的港湾里找到容身之所，会有安定的生活。”

和母爱一样，父爱当然也是一种普适性的情感，所以能引发共鸣。它本身是一种私密的爱，但经由媒体呈现，从而让“不可见”变为“可见”。

此外，经由此文，不少公众才得以知晓世上还有“双相情感障碍”这回事。这对患者的亲人本就是一大挑战，而患者的自强不息，与家庭苦难（母亲晚年罹患阿尔茨海默病且已去世）相映照，更让阅者感喟不已。

在写作形式上，本文用了口述实录的方式。它的好处是可以更加真实地呈现一些细节、故事，并将情感呈现出来。

据该栏目编辑团队介绍：

作为一个口述实录栏目，“倾听·人生”栏目拥有一支非常成熟的作者队伍。

确定这一选题后，编辑团队考虑哪一位作者更适合承担这个任务，大家不约而同地认准了叶全新。

70 岁的叶全新是"倾听·人生"栏目的资深作者，为栏目写过很多人生故事，代表作有《我是海啸幸存者》《我为聋哑人辩护》《革命妈妈》等。2021 年冬日，叶全新走进了金老先生的家，当日离他老伴儿去世还不到一周。采访后不到一个月，叶全新就交了稿件。时间是 12 月 19 日。编辑戴维看完后给叶老师发短信：苦难中蕴含着人性之光。叶老师您写得非常出色。叶老师回复：谢谢！我也是一直流泪写的。①

而据《文汇报》报道，一个阴暗冬日，从早上 9 点多到太阳落山，除了午餐休息一下，叶全新倾听了 9 个小时，老人坐在对面靠墙一张说不出颜色的沙发上，她不习惯用录音笔，一字一句都记录在记事本上。

讲述者金性勇 86 岁，聆听者叶全新 70 岁，他们的共同点除了都是老人，还有其他感同身受的地方。叶全新说，"我的儿子孔亚雷也是翻译家，译了大量外国小说，不指望靠翻译来挣钱。没有爱是做不成这件事的"。所以共情也是稿件写作的秘诀之一。

从这篇非虚构作品的"破圈"来看，我们周边真的不缺少故事，而是缺少发现并产制故事的人和平台。作为市级党报，《杭州日报》的实践与坚持，值得我们学习。

七、非虚构参阅作品

（一）参考书目

1. 斯诺 . 红星照耀中国［M］. 董乐山，译 . 北京：人民文学出版社，2016.

2. 白修德 . 美国总统的诞生［M］. 舒琦，赵仁涛，译 . 北京：中信出版社，2016.

3. 海斯勒 . 江城［M］. 李雪顺，译 . 上海：上海译文出版社，2012.

4. 海斯勒 . 寻路中国［M］. 李雪顺，译 . 上海：上海译文出版社，2011.

5. JOHNSON I.Wild grass：three stories of change in modern china［M］.New York：Pantheon，2004.

6. 麦克菲 . 写作这门手艺：普林斯顿大学写作课［M］. 李雪顺，译 . 长沙：湖

① 《杭州日报》"倾听·人生"栏目编辑团队 . 实践与思考丨"我们的天才儿子"成为爆款的背后 记录每个平凡而伟大的人生 [EB/OL].(2022-03-06) [2022-11-25].https://zj.zjol.com.cn/news.html?id=1820883.

南文艺出版社，2018.

7. 特立斯 . 被仰望与被遗忘的［M］. 范晓彬，姜伊敏，译 . 上海：上海人民出版社，2017.

8. 契诃夫 . 萨哈林旅行记［M］. 刁绍华，姜长斌，译 . 哈尔滨：黑龙江人民出版社，1980.

9. 美国杂志编辑协会 . 美国最佳杂志写作（1-5）［M］. 广州：南方日报出版社，2017.

10. 柴春芽 . 讲述一个故事有五百万种方式：创意写作的七堂课［M］. 武汉：武汉大学出版社，2017.

11. 范长江新闻文集（上、下）［M］. 北京：新华出版社，2001.

12. 杨猛 . 陌生的中国人［M］. 北京：中国人民大学出版社，2014.

13. 云杉 . 追我魂魄——一名新闻记者对一场战争的追索［M］. 太原：北岳文艺出版社，2012.

14. 查建英 . 中国波普［M］. 李家真，译 . 香港：牛津大学出版社，2017.

15. 张立宪 . 读库［M］. 北京：北京出版社；新星出版社，2006.

16. 张赞波 . 大路：高速中国里的工地纪事［M］. 桂林：广西师范大学出版社，2015.

17. 马尔克斯 . 一桩事先张扬的凶杀案①［M］. 魏然，译 . 海口：南海出版公司，2018.

（二）参考篇目

1. 东东枪 . 非著名相声演员郭德纲 .［J］. 读库，2006（60）.

2. 杜强 . 天才落魄的暮年［J］. 时尚先生，2015（8）.

3. 赖祐萱 . 外卖骑手，困在系统里［J］. 人物，2020（8）：70-91.

4. 雷晓宇 . 寻找王卫［J］创业家，2011（4）56-71.

5. 张永生，吴振鹏，李宁，等 . 井底人［N］. 新京报，2013-12-06（A14-A15）.

八、本章思考题

1. 特稿与非虚构有何不同？

2. 非虚构叙事作品有哪些技巧？

---

① 由真实事件改编而来的中篇小说。推荐此小说的缘由是，它是一部写得如新闻报道的小说。它的一些写作技法，可被用于写作非虚构作品。

九、实战演练

1. 选取何伟《江城》或《寻路中国》中的一章，分析其写作特点。

2. 阅读马尔克斯的中篇小说《一桩事先张扬的凶杀案》，进行批注（结构、写作手法等）。

2. 尝试写自己的家族史或某位亲人的小传。

后　记

本书的立意，源于笔者几年前开始在中国劳动关系学院文化传播学院新闻传播系开设的高阶新闻写作实践课程。该课程的对象是新闻学专业大二学生。课程的开设是我提出的，到授课时，却近乎从零开始：从课程架构、学理梳理到案例搜集、探讨，是拓荒的过程，也是边教边学的过程。

开设这门课程最大的障碍，其实是没有合适的教材。这也促使我自编教材，而这一过程也是漫长的：第一轮教学到最近一轮教学，内容的广度与深度都变化太多。

本书是基于我这几年自编教材的修订。它的完成，得益于中外学界的相关研究和中外新闻人的实践。为了培养应用型新闻人才，本书强化了案例教学的重要性，因此每部分都列举了精选的新闻作品全文。这些中外新闻作品，均为公开发表的作品，发表的平台可能是报纸、杂志、图书或网络。笔者尝试联系了部分作者，但得到的回复很少。烦请相关作者联系本人（邮箱：35118648@QQ.COM），以便奉送样书及薄酬。

此外，本教材中的少部分内容承蒙编辑赏识，曾在《青年记者》《写作》杂志发表过；本人所在的文化传播学院基于专业建设需要，前院长李双慨允资助本教材出版；中国传媒大学出版社编辑曾婧娴付出了诸多心力。在此，一并致谢。

本人以为，一本好的教材，应该具有前沿性、指导性和开放性等特征。前沿性，是指理论要与时俱进，实践要有新意；指导性，是指有助于实战，也就是既“务虚”又“务实”；开放性，是指启发性和延展性。教材论述并非一定要定于一尊，而是要博采众长，并给阅者预留思考空间和讨论空间。

因本人能力不足，且视野受限，可能难以达到上述目标。对于本书中的不足或其他建议，望读者不吝批评指正。教材存在的种种不足，待日后修订改进。

感谢读者对本书的支持，惟愿读者通过阅读教材，生发创作的激情与恒力，进而用作品来丰富人们的信息世界。

2021 年 11 月 28 日于北京松风斋

作者介绍

张玉洪，重庆市璧山人。1975年生。2009年获中国传媒大学新闻学博士学位。曾任北京青年报文化记者。现为中国劳动关系学院文化传播学院副教授、中国劳动关系学院期刊社副社长，硕士生导师。

研究方向：新闻生产、媒介与社会发展。主讲课程：新闻采访、新闻写作和深度报道。

曾主持国家社科基金青年项目“新时期职工维权与大众媒体的关系研究”（12CXW018）。曾赴英国威斯敏斯特大学、台湾政治大学访学。

著有《职工权利维护与大众传媒的关系研究》（光明日报出版社，2020），《负面报道不是坏东西》《麻辣人世间》和《爱这个世界，虽然它不够完美》（均由秀威资讯出版）；合编教材《新闻采访与写作》（中国传媒大学出版社，2014）。

图书在版编目(CIP)数据

高阶新闻写作教程 / 张玉洪编著. -- 北京 : 中国传媒大学出版社, 2024.3
ISBN 978-7-5657-3378-9

Ⅰ. ①高… Ⅱ. ①张… Ⅲ. ①新闻写作—高等学校—教材 Ⅳ. ①G212.2

中国国家版本馆 CIP 数据核字(2023)第 013977 号

高阶新闻写作教程
GAOJIE XINWEN XIEZUO JIAOCHENG

编　　著	张玉洪		
策划编辑	曾婧娴		
责任编辑	沈刘红		
责任印制	李志鹏		
封面设计	拓美设计		
出版发行	中国传媒大学出版社		
社　　址	北京市朝阳区定福庄东街 1 号	**邮　　编**	100024
电　　话	86-10-65450528　65450532	**传　　真**	65779405
网　　址	http://cucp.cuc.edu.cn		
经　　销	全国新华书店		
印　　刷	三河市东方印刷有限公司		
开　　本	787mm × 1092mm　1 / 16		
印　　张	11.5		
字　　数	218 千字		
版　　次	2024 年 3 月第 1 版		
印　　次	2024 年 3 月第 1 次印刷		
书　　号	ISBN 978-7-5657-3378-9/G・3378	**定　　价**	49.00 元

本社法律顾问:北京嘉润律师事务所　郭建平